U0527367

超智能
与未来

HYPERINTELLIGENCE
How the Universe Engineers Its Own Mind

拉斯·特维德（Lars Tvede）
［丹］雅各布·博克·阿克塞尔森（Jacob Bock Axelsen） 著
丹尼尔·凯弗（Daniel Käfer）

钱美君 / 译

中信出版集团 | 北京

图书在版编目（CIP）数据

超智能与未来 /（丹）拉斯·特维德,（丹）雅各布·博克·阿克塞尔森,（丹）丹尼尔·凯弗著；钱美君译. -- 北京：中信出版社, 2025.9. -- ISBN 978-7-5217-7998-1

Ⅰ. F061.3

中国国家版本馆 CIP 数据核字第 20251DF002 号

Hyperintelligence: How the Universe Engineers Its Own Mind by Lars Tvede, Jacob Bock Axelsen & Daniel Käfer
ISBN 9781394366095
Copyright © Gyldendal Group Agency 2025
All rights reserved.
Authorized translation from the English language edition published by John Wiley & Sons Limited.
Responsibility for the accuracy of the translation rests solely with China CITIC Press Corporation and is not the responsibility of John Wiley & Sons Limited.
No part of this book may be reproduced in any form without the written permission of the original copyright holder, John Wiley & Sons Limited.
Copies of this book sold without a Wiley sticker on the cover are unauthorized and illegal.
Simplified Chinese translation copyright © 2025 by CITIC Press Corporation.
All rights reserved.
本书仅限中国大陆地区发行销售

超智能与未来

著者：　　　［丹］拉斯·特维德　［丹］雅各布·博克·阿克塞尔森
　　　　　　［丹］丹尼尔·凯弗
译者：　　　钱美君
出版发行：　中信出版集团股份有限公司
　　　　　　（北京市朝阳区东三环北路 27 号嘉铭中心　邮编　100020）
承印者：　　北京利丰雅高长城印刷有限公司

开本：880mm×1230mm　1/32　　　印张：11　　　字数：215 千字
版次：2025 年 9 月第 1 版　　　　　印次：2025 年 9 月第 1 次印刷
京权图字：01-2025-3749　　　　　　书号：ISBN 978-7-5217-7998-1
定价：78.00 元

版权所有·侵权必究
如有印刷、装订问题，本公司负责调换。
服务热线：400-600-8099
投稿邮箱：author@citicpub.com

《超智能与未来》是一部将宇宙史、科学史、人类史和智能史融为一体的著作，展望了以 AI 主导的未来超智能文明形态。在如此宏大的历史转型中，宇宙中的一切，从基因到夸克、从意识到能源、从虚拟世界到物理世界，都要不断发生解构和重构，正在形成的超智能与全新宇宙终将合流，不仅能实现智能跃迁、开创新纪元，而且将形成未来世界的进化模式。这本书将严格的科学训练和特有的科学想象力紧密结合，读者会因此被触动和被改变，接受和向往本书所谓"寰宇（Unisphere）融合时代"。

朱嘉明，经济学家、横琴粤澳深度合作区数链数字金融
研究院学术与技术委员会主席

　　如想尽量充分地认识世界和把握信息革命前沿创新状态，以及展望人类未来，此书不可不读。一是清楚地形成宇宙观：生命、人类从何而来？二是框架化认知信息革命和人工智能日新月异创新发展的技术路径。三是为汹涌澎湃中加速奔涌而来的寰宇融合时代做思想准备：打破人们原有思维习惯的重大变革正在加速中接踵而至，我们必须与时俱进。

贾康，两届全国政协委员、华夏新供给经济学研究院创始院长

　　从蒸汽时代到智能时代，每一次技术飞跃都会重构全球产业格局。《超智能与未来》以演化视角勾勒出 AI 崛起的历史逻辑与未来路径，深刻启示制造强国如何从效率竞争迈向系统智能治理。面对充满不确定性的未来，这本书规划了值得所有产业决策者反复阅读的路线图。

倪军，宁德时代首席制造官、上海交通大学溥渊未来技术学院院长

这是我读过的描述时间和空间跨度最大的一本书，作者把浩渺的宇宙史与当下的人工智能时代联系起来，把人类迄今为止获得的重大发现和科技成就关联起来，从而推演出关于未来的全息景象图。从超智能的 AI 到无所不能的机器人，从取之不尽的新能源到人类的基因重塑，三位作者联手写成这本趣味性很强的未来学作品，几乎回答了所有你想知道的问题，而这些都是有依据的：比如，超长寿不只是结果，而且会改变你的行为模式。

李迅雷，中国首席经济学家论坛副理事长

科学技术是改变世界的力量，想象力也是。如果我们对宇宙的知识和前沿科技知之甚少，就只能生存在相对低维的世界。同样，高阶想象力就像高阶的语言模型、思维模型和心理模型一样，有助于我们建立起更高维的思维模式。《超智能与未来》这本书就是把前沿科技知识和高阶想象力合而为一的杰作，不管把它当成科幻作品还是科学预测，都有利于我们更好地把握未来。

滕泰，经济学家、北京万博新经济研究院院长

《超智能与未来》以宏大的宇宙演化视角，勾勒出人工智能从萌芽到迈向超智能的发展脉络。在技术爆炸与智能跃迁的临界点上，这本书以跨学科视角构建了超智能的认知框架。拉斯·特维德等三位作者用事实与预测，揭示 AI 驱动下的未来趋势。这是洞察全球科技演化、预判创新周期的重要读本，它深刻剖析了智能变革的本质，为理解中国当下科技驱动战略与产业转型提供重要启发。

杨宇东，第一财经总编辑、第一财经日报社总编辑

这可以说是一部充满野心的"宇宙简史",三位作者基于各自研究方向不断碰撞交融,试图以全景大视野勾画从宇宙起源到智能未来的全历史,无论你是否认同他们的描述和分析,都可以从中经历一场激烈的思想和认知激荡。

何刚,《财经》杂志主编、《哈佛商业评论》中文版主编

《超智能与未来》是一部洞见未来的科技巨作。拉斯·特维德以宏大的宇宙视角,结合"超级趋势"(Supertrends)的 20 000 项创新数据,揭示了 AI 从起源到超智能的演化路径。我深感这本书对科技创业与投资的启发意义。它不仅阐明了 AI 驱动的产业趋势,还为政策制定者提供了战略参考。在中国大力推动科技创新的背景下,这本书是每位关注未来趋势的读者必备的指南,助力我们抓住智能时代的新机遇,共创科技驱动的繁荣未来。

冯大刚,36 氪董事长、CEO

在 AI 幻觉、智能新物种、加速还是对齐等概念、纷争奔涌而至的时代,人们思考智能未来时迫切需要突破传统框架的束缚。《超智能与未来》这本书可谓恰逢其时。它以宇宙智能的演化为轴心,揭示了一条贯穿 138 亿年的核心规律:复杂性级联。宇宙通过突破"规模屏障"实现跃迁——从大爆炸后的亚原子粒子组合,到恒星熔炉中锻造生命基石,直至热液喷口附近胶束气泡包裹的自我复制核酶,点燃生命之火。人类文明,则是这一波澜壮阔的级联篇章中最为壮丽的一幕:直立行走,学会用火,语言发育,四海迁徙,艺术创造,科技发明。今天的人类正站在又一个

"复杂性级联"的高地：创造 AI 智能体。这是超越传统智能的新起点，是通往未来世界的新入口。

段永朝，苇草智酷创始合伙人、信息社会 50 人论坛执行主席

倾情讲述技术进步、创新发展的非凡故事。
精彩重现智能跃迁、文明迭代的演化史诗。
《超智能与未来》，一部超科学的宇宙志。

尹传红，中国科普作家协会副理事长

从宇宙起源到 AI 奇点，《超智能与未来》揭示了智能跃迁的底层逻辑，构建了理解时代、走向未来的知识坐标。全球华人正崛起为一股重要力量，浪潮之中，更需强大的内核与认知的升级。此书关乎技术与趋势，更引导我们思考：唯有致真以观其变，自在以应其势，弘毅以承其重，有为以启其新，方能于智能浪潮中笃定前行。

李峰，渣打银行（中国）有限公司副行长，
财富管理及零售银行业务总经理，全球华人业务集团主管

真正的战略判断来自对长期趋势的理解。《超智能与未来》以跨学科的宏观视野揭示 AI 如何重构产业、组织与社会运行机制。在全球竞争格局重塑之际，它是掌握变局与制定先手策略的重要参照。

郑莉娟，奥纬咨询董事合伙人、北京及上海办公室负责人

目 录

导　读 / IV
前　言 / VIII

第 1 篇　宇宙圈
1　始于虚无　003
2　氢的邀约　023
3　从"乐高"到生命　039

第 2 篇　生物圈
4　玛利亚的诞生　055
5　我们是外星人吗？　067
6　进化的笔触　077
7　全球计算机　089
8　文化的 DNA　097
9　心智的形成　111

第 3 篇　技术圈
10　代码、协同效应与能源　125

11 从战神君主到办公室困兽　137

12 大加速　145

13 智能大爆炸　163

14 信息单元的新工厂　181

15 掌握生命密码　191

16 马尔萨斯迷思　197

第4篇　寰宇融合时代

17 全智2049　209

18 合成文明　229

19 超级科学：创新激增　239

20 永生之路　249

21 打印一只渡渡鸟　265

22 "救世主"氢　273

23 冰冷氚酒馆　283

24 AI、艺术和爱共筑魔幻媒介　291

25 从朝九晚五到心流体验：AI时代的工作变革　301

26 星际远征　311

附　录　开普勒-186f星球探测报告 / 325
作者简介 / 329
译者简介 / 332

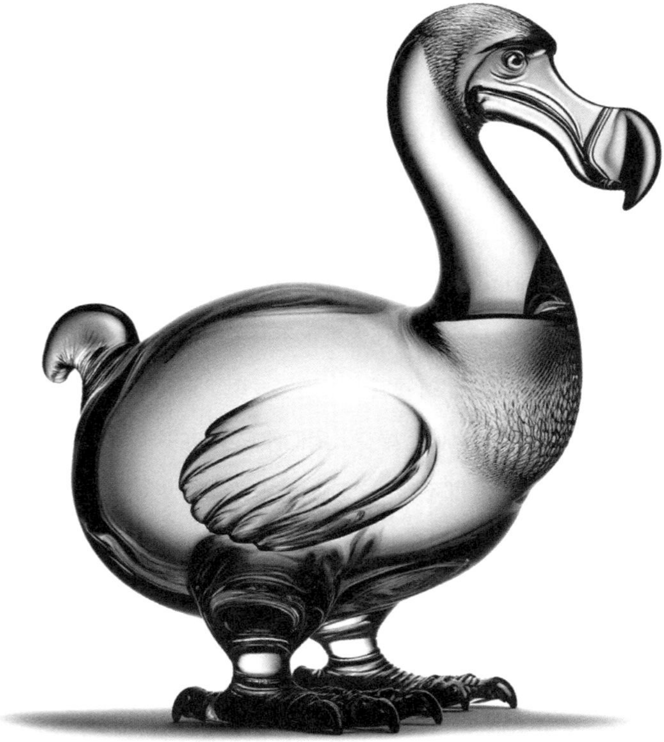

导　读
太初有道，物复其根

　　人工智能（artificial intelligence，AI）的出现是宇宙演变的偶然事件还是必然结果？这个问题在人类永不泯灭的话题中——我们来自哪里又去向何方——再添广袤领域。人类是发现了还是创造了人工智能？而它又将我们带向何方？仰望星空，我们惊叹宇宙的神秘和广袤，但它并非静止的画卷，而是一部不断动态演化的史诗。想象将这 138 亿年的演化史诗压缩进一本书，而且全书逻辑一致、证据自洽：从最初的奇点大爆炸、元素锻造，到恒星诞生、行星形成，再到生命萌发、演化出能够思考自身起源并试图揭开造物主神秘面纱的人类并最终发现或试图创造新的智能生命。我们不仅是宇宙的孩子，更是其故事的续写者。本书站在这个无与伦比的宇宙视角，审视我们的漫漫来路，进而理解宇宙史诗下一个正在展开的篇章——人工智能。这不是一本关于算法和算力的技术书，而是一次穿越时空，关于宇宙、生命和智能本质的跨学科哲思探险。

跳出技术喧嚣，本书引领您探讨驱动恒星形成、生命涌现和智慧产生的底层规律，也就是宇宙圈、生物圈和技术圈演进中的共性特征。这些演进规律是否正同样驱动着人工智能的出现和未来发展？全书跨时空、科学逻辑的描述基于3个关键的宇宙演进共性特征：复杂性级联、临界密度和创造脉动。强调其逻辑本质，它们共同地、出奇地和精准地描绘了宇宙层层递增，从简单到复杂的物理世界、生物世界和智慧世界的演进。复杂性级联指系统中一个层级的复杂性增长引发更高层级、更大范围的复杂性爆发式增长，带有自我强化和非线性放大效应；它是量的增长。临界密度指物质、能量或信息等形成特别密集的集群而触发全新事物形成的临界点；它是质的飞跃。万事万物在某层级或模式中的量化扩展，遭遇规模屏障，使密度不断增加，最终到达临界密度，带来质的突破，进而飞跃到复杂性级联更强的某种层级或模式。比如在单细胞和细胞器这个层级上，细胞功能复杂性不断增加，为避免体系崩溃进化出多细胞生命。又比如作为神经细胞集群的原始大脑，其神经密度不断增加，发展出信息处理和身体功能的协调能力，最终突破屏障，跃升到更高级的复杂性，发展出理性和情感。创造脉动这个融合了科学、哲学与艺术的隐喻性概念描述系统自发的创造性活动，强调创造并非一次性事件，而是持续涌动的动态过程，贯穿整个宇宙历史。这3个演进逻辑一起形成宇宙从粒子到生物到意识再到智能、从星云到社会到文明再到人工智能的跃升历程。

本书按宇宙圈（从粒子到星球）、生物圈（从细胞到人类）、技术圈（从信息到人工智能）和未来展望的顺序，在复杂性上层层展开、环环相扣、逐步推进。内容跨越了宇宙物理、化学、生物演化史、人类学和神经大脑科学，演示宇宙进化，从而解读人工智能在这幅浩瀚图景中的坐标与使命。书中介绍了从宇宙诞生至今的 10 次复杂性的飞跃：亚原子粒子到原子，恒星到化学元素，元素到活细胞，细胞到细胞器和多细胞生命，地球的生物化学转变，意识形成，意识到智能，智能带来计算和电信技术，接着是信息技术带来人工智能，最后是人工智能的集群智能。我们现在正面临第 11 次飞跃，即基于人工智能的超智能的出现。这些复杂性的飞跃在宇宙进化逻辑下出奇地一致又和谐了偶然和必然的角色。比如，从长城烽火的信号传递方式衍生出计算机的数字信息原理；从大脑工作的直觉和理性两个系统理解人工智能分析飞速却行动笨拙的矛盾；从蚁群协作展望人工智能集群；从贸易功能思考自主机器人集群；从技术革命的社会演进预测人类在全新人工智能时代的生活方式，以及地球甚至宇宙的能量供需。

阅读此书，如同搭乘一架时间机器，观光宇宙过去 138 亿年的演化史诗，从炽热的奇点到冰冷的星尘，从简单的分子到能思考的大脑，一路欣赏复杂性与认知能力的攀升。同时手握一架宇宙望远镜，让我们得以窥见当下人工智能革命在时间长河中的位置。它不仅关乎技术，更关乎人类在宇宙中的角色和责任，以谦卑长远的姿态审视我们自身，以及我们试图创造的未来在宇宙史诗中的意义。人类正将智慧的火炬传递给一种新的存在——人工智能。站在宇宙演化的视觉高点，人工智能的崛起并非孤立的技术事件，而是宇宙漫长孕育后结出的又一枚奇异果实。如果非要将这样的思考纳入人工智能发展的理论框架，我会为它起名为"宇宙自我演化论"，它认为：宇宙有其本身的演进逻辑和原理；人类文明和随之出现的人工智能都遵循着这些逻辑和原理。但这个理论并不就人工智能是否取代人类或创造新型人类（比如脑机接口）这样的问题做出判断，而是相信人工智能本身就是某种范式或生命逻辑的自然延伸，并由此预测未来。踏上这场穿越时空的思想之旅吧！

如果读者在中国文化的宇宙观和社会哲思上有些基础，该书有个非常值得一提的题外话，是关于这本书的副标题。英文版的副标题有两个选择（"How the Universe Engineers Its Own Mind; How Matter Becomes Mind"），字面意思是"宇宙形成自己的思维方式，一切又都归于该思维方式"。我将它意译为"太初有道，物复其根"。本书所阐释的宇宙演进逻辑就是一种"道"，万物演进皆顺其道。恰如《道德经》中"有物混成，先天地生……曰道"。现今预见的人工智能发展模式：DAO（decentralized autonomous organization），其读音恰好是中文的"道"！（依照目前中国 AI 界的习惯，书中沿用"去中心化自治组织"来翻译 DAO，但从技术本质和运行逻辑角度，"去中心化自主组织"更为精准。）不管中国文化中老子的此"道"和人工智能发展的彼 DAO 是仅仅为发音巧合还是有宇宙冥冥中的神秘链接，文字上，这已恰如"夫物芸芸，各复归其根"的映照，令人震撼！本书逻辑的哲思似乎借此完成了无比美妙的古今中西的闭环。然而在英文版的出版过程中，副标题选用了第一种，译法调整为"宇宙如何塑造自己的思维"，就错过了该书能对中文读者特别展示的最美精髓。于是我将"太初有道，物复其根"作为这篇导读的标题，以飨读者。

钱美君

中国人民银行金融研究所研究总监

2025 年 7 月 10 日

前　言

想象整个宇宙缩至一粒微沙。随后，轰然剧震！一场超越认知的宇宙大爆炸让时空诞生。瞬息之间，初生的宇宙已膨胀至以光年计量的广袤疆域。混沌中涌现出旋舞的亚原子粒子（subatomic particle），如构筑现实的"乐高积木"。随着宇宙逐渐冷却，这些粒子先聚为原子（atom），再凝作恒星（star），终成行星（planet）。奇妙地，宇宙竟在每一步演进中变得越发聪明。

今时今日，我们已创造出以万亿倍于人类速度进化的存在——人工智能（AI）。本书将描绘宇宙的智慧之旅：从大爆炸的余响，到此刻正在你口袋中低吟的 AI，直至扑朔迷离的未来征途。

本书将揭示宇宙智慧的跃升绝非匀速渐进，而是爆发与壁垒交织。每当新元素萌生或新交互涌现，系统便会迸发式地探索所有的可能性，直至遭遇"规模屏障"（scaling barrier），犹如宇宙轻叩我们的肩膀低语："且慢，容我稍作喘息。"

宇宙像一个巨大的实验室，自然的力量在其中不断实验和进化，并遇到挑战。比如创造更重的原子，而解决方案就是恒星的形成！每克服一个障碍，新的、令人难以置信的可能性就会展现。有趣的是，这种情况通常发生在某物某处的密度急剧增加时，如原子、细胞、人类或数据，从而创造出一种全新的动态。

我们识别了宇宙的 10 大突破和增长爆发。从亚原子粒子形成原子，到生命的诞生，再到人类发明技术，每一步都建立在前一步的基础上，创造出令人叹为观止的复杂性。

游戏规则的真正改变者是谁？是活细胞。突然间，宇宙不能仅用复杂来形容；它开始创造代码，比如脱氧核糖核酸（deoxyribonucleic acid，DNA），能够存储、传输并利用信息来触发行动。最神奇的是，代码开始创造更多的代码，就像是宇宙学会了编写自己的软件，不断升级和进化。

这种由现有事物以新方式组合的能力，推动着无休止的增长，从而创造出永无止境的创新螺旋。

我们现在正处于新一轮爆炸性飞跃的开端：由 AI 和一系列突破性技术的融合驱动。就像宇宙踩下加速器，世界以最激动人心的方式开始变得疯狂。

我们利用尖端科学和 AI 驱动的"超级趋势"系统，绘制宇宙向复杂性和智能迈进的惊人旅程。我们的蓝图包括 16 000 项历史创新和 4 000 项令人震撼的未来预测，并融入 160 位专家的洞见。这些不仅仅是猜测，而是由数据驱动的。这是关于宇宙如何变得越发聪明并将迈向超智能的故事。

伦理与技术的双重性

本书的初稿曾包含大量关于伦理的讨论，但我们最终决定将其删除，原因是多方面的。首先，加入全面的伦理分析会显著增加本书的篇幅。其次，伦理考量与人类出现之前的事件无关，因此仅为未来情景添加此类讨论会破坏叙事的连贯性。最后，我们相信采用叙事方式让读者自行得出伦理结论会更加引人入胜。就像希区柯克的电影，如果穿插为什么不该刺杀入浴女性的道德评论，反而会削弱故事的冲击力。

尽管如此，本书对未来的技术发展确实持乐观态度，这是基于观察又深思熟虑后的选择。在游历各地时，我们注意到不同文化对技术的认知存在差异：欧洲往往更关注技术风险，而美国和中国则倾向于强调机遇和潜在收益。两种观点都有其道理。技术就像瑞士军刀，功能多样却又锋利。例如，汽车的出现彻底改变了交通运输，但也导致了事故和污染；智能手机让我们保持联系，却也使我们陷入数字泡沫的孤立之境。

纵观历史，技术进步极大地提升了人类生活水平，推动创新发展，甚至在经历转型期后推动环境改善。人们总是倾向于从欠发达地区向更繁荣国家迁移，就是这种改善的一个例证。在本书中，我们选择着重探讨新兴技术的积极潜力。我们也认识到这些积极潜力背后可能存在的挑战，包括就业替代、隐私问题以及恶意使用人工智能的潜在风险。但是我们坚信，强调技术带来的巨大机遇更为重要，因为只有聚焦潜在益处才能推动创新，从而引领我们走向更美好的未来。此外，我们还可以超越单纯的乐观或悲观立场，采取更现实的视角：大多数技术的发展轨迹不会因个人好恶而改变。因此，理解这些技术才是当务之急。

资料来源与方法论

本书基于多种分析方法。首先，我们自然地使用了广泛的外部资料。其次，我们辨识了能刻画宇宙发展复杂性特征的一般现象。其中有3种现象尤其显著，它们一起出奇精准地描绘了宇宙138亿年复杂性发展的绝大部分特征，我们分别称之为"复杂性级联"（complexity cascades）、"临界密度"（critical density）和"创造脉动"（creative pulse），并通过数学方式对其进行模拟。

此外，我们还借鉴了"超级趋势"公司对人类创新历史及未来创新预期的研究。其数据库基于约75 000次AI运行和160位专家的研究，梳理了16 000项历史创新和4 000项预期创新，以及它们之间约200 000种关系和依赖。

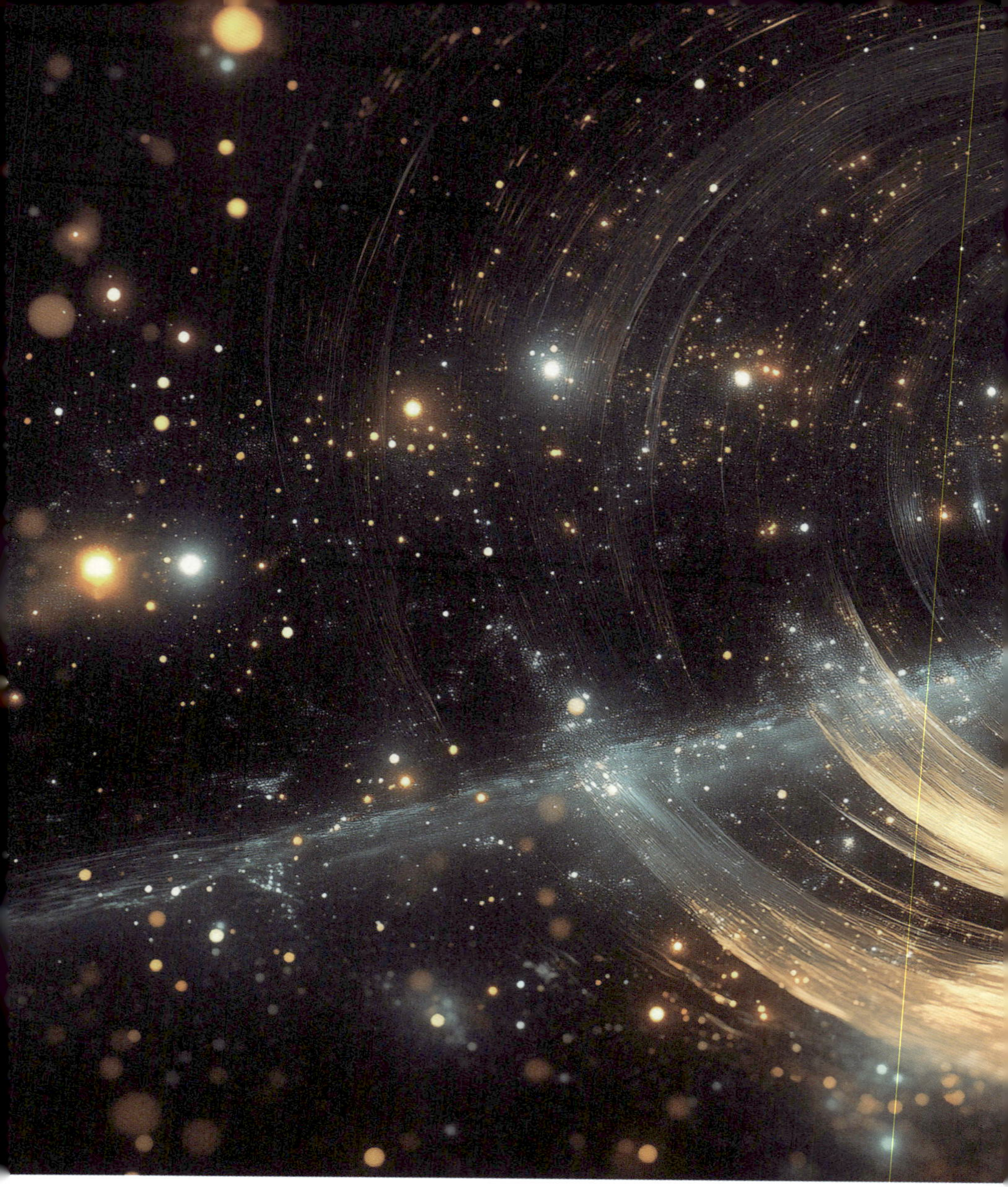

第 1 篇

宇宙圈

宇宙圈是个令人难以置信的广阔舞台,宇宙的史诗般戏剧在此上演。它是时间、空间、物质和能量的总和,是一场自组织的奇观。从最简单的起点中孕育出令人惊叹的复杂性,宇宙圈是种能让任何人感到无比渺小和微不足道的存在。

　　如果我们的宇宙并非唯一的舞台呢?如果它只是一个宇宙合奏团中的一员,是充满无限可能的多元宇宙中的一部分呢?让我们更近距离地观察我们宇宙的轮廓,一览其令人敬畏的数据,或许再看看它隐藏的愿望……

- 年龄:138 亿岁,古老而尊贵。
- 每立方米的大爆炸光子数:4.11 亿个,太酷了!
- 重量:10^{54} 千克,沉重而庞大。
- 原子数量:10^{80} 个,令人难以置信。
- 恒星数量:10^{24} 颗,璀璨夺目。
- 直径:940 亿光年(约 10^{24} 千米),令人头脑眩晕。
- 空间膨胀速度:每 326 万光年 67.5 千米/秒,迅速而有力。
- 当前体积:10^{80} 立方米,庞大无比。
- 总能量输出:10^{48} 瓦,强大而震撼。
- 能量最强大的事件(两个黑洞合并):5×10^{49} 瓦,短暂却猛烈。
- 渴望后代:嗯……也许吧。
- 天资聪颖:并非如此,但绝对渴望变得聪明。

　　宇宙圈是一个充满无尽奇迹的王国,宇宙的故事在此以宏大的规模展开。但正如我们将发现的:万物初始,它就已经孕育了智能与复杂性的种子。

1

始于虚无

宇宙在一场宏伟的轰鸣中苏醒。历经数百万年的沉寂,第一批星辰点燃了生命的火焰,它们炽烈的心脏化作天工开物的熔炉。本章将带你看看星辰如何将朴素的元素转化为孕育行星与生命的基石,又如何在超新星的绚烂绽放中,将其播撒至宇宙的每个角落。我们,本质上,皆是星辰之尘的化身。

8月的一个清晨,克罗地亚海岸还笼罩在朦胧的晨曦中。第一缕微光悄悄透过卧室的窗帘,玛利亚从睡梦中醒来。她住在一家温馨的家庭旅馆里,身旁的丈夫约翰仍在酣睡。

玛利亚伸了个懒腰,舒展着沉睡了一夜的肌肉。她随后几乎悄无声息地溜下床,小心翼翼地,避免吵醒约翰。她踮着脚尖走过冰凉的地板,穿上自己最爱的比基尼。回头看了一眼熟睡的丈夫,她轻轻打开门,悄悄溜了出去,又小心地把门关上。接着,她走下七级台阶,来到旅馆旁的小海滩。外面,鸟儿在歌唱,空气中弥漫着松树和野花的香气。不远处,几只五彩斑斓的蝴蝶在花丛中翩翩起舞。

海面如镜般平静。玛利亚深吸一口气,一种宁静的感觉涌遍全身。这一切如此美丽——眼前的景色、耳边的声音、空气中的芬芳,所有的一切!踏入清澈见底的海水,浅滩处几条小鱼在她脚踝边欢快地游动,一种深深的感恩在心中蔓延开来。她心想,这一切,大地、空气、海洋,乃至生命本身,都如此奇妙。

她想起了科学家们常说的一句话:这一切都源于虚空,源于虚无本身。这个说法让她感到有些不可思议。

· · ·

奇异的爆炸

如今，物理学家和天文学家几乎一致认为，我们的宇宙起源于一次巨大的爆炸，即"大爆炸"（The Big Bang）。玛利亚、地球、海洋、花朵和蝴蝶，都源于此。这一重大事件始于一个极其微小的点，可能比一个原子还要小。或许，这场爆炸真的从"无"开始。这听起来荒谬至极，但科学证据却无可辩驳。因此，尽管令人难以置信，但这个故事似乎就是事实。

大爆炸的另一个惊人之处在于其最初展开的惊人速度。这个微小的点很可能在不到十亿分之一秒内就膨胀到地球的大小！宇宙紧接着迅速膨胀到太阳的规模。在第一秒结束时，它可能已经跨越了 10 光年~20 光年的距离——相当于数十亿千米。宇宙不仅以远超光速的速度膨胀，还在极短的时间内扩展到了光年级别的规模，这段时间甚至比光穿过一个原子所需的时间还要短。这不可思议的第一秒被称为"暴胀期"。

现在，午夜时分，在克罗地亚度假的玛利亚和约翰躺在海滩上，凝望着清澈的星空。他们可能会看到距离地球 4.37 光年的半人马座 α 星 A 和 B，而这段距离很可能只是宇宙在大爆炸开始后第一秒内膨胀到的规模的一部分。

多么疯狂！让我们一步步来看这些事件。在大爆炸开始后约 10^{-36} 秒之内，宇宙极其炽热且密集，充满巨大的能量，因此说它"虚无"并不准确。这些能量最初以统一的"场"的形式存在，自然界的所有力都完全纠缠在一起。10^{-36} 秒后，宇宙膨胀并冷却到足以让 4 种不同的力分离：引力、强核力、弱核力和电磁力。

10^{-12} 秒后，能量密度和温度进一步下降，部分能量按爱因斯坦的著名公式 $E=mc^2$ 转化为质量，即能量等于"质量"（或类似我们在地球上所称的重量）乘以"光速"的平方。这种能量转化为质量的现象导致了夸克、轻子和玻色子等基本粒子的产生。夸克构成了质子，轻子包括电子，而玻色子则是"光"之类的粒子。

总之，1 秒之内，17 种不同的基本粒子及其对称的反物质对应物相继出现，总计 34 种。

复杂性级联 #1

- 事件：各种亚原子粒子的形成
- 时间：大爆炸开始后的 10^{-12} 秒
- 原因：宇宙在最初的极短时间内冷却

在大爆炸开始的最初几分钟内，质子和中子开始结合，形成第一批原子核，这一过程被称为"核合成"，持续大约 20 分钟，创造出一个充满氢和氦的宇宙，同时还产生微量的锂和铍。

> **复杂性级联 #2**
> - 事件：最初 4 种原子的形成
> - 时间：大爆炸开始后的 20 分钟
> - 原因：宇宙进一步冷却

红移与宇宙回响

"大爆炸"一说，无论人们如何反复思索，始终显得无比奇异。这一理论并非全新，而是最早在 20 世纪 20 年代由乔治·勒梅特（比利时神父，天文学家）提出的。1927 年，勒梅特开创性地提出了一个不断膨胀但物质量恒定的宇宙的概念。他的论文部分基于爱因斯坦提出的广义相对论。广义相对论将引力描述为"时空"（spacetime，图 1-1）的一部分，即空间和时间是一个整体，而引力是时空的弯曲。此外，勒梅特还注意到一些表明恒星和星系正在彼此远离的初步迹象。

这一奇异理论并未在 1927 年论文发表时获得多少关注，但是仅仅两年后的 1929 年，天文学家埃德温·哈勃就发现了星系正在远离地球的证据，而且它们的远离速度与距离成正比——这一关系后来被称为哈勃定律。

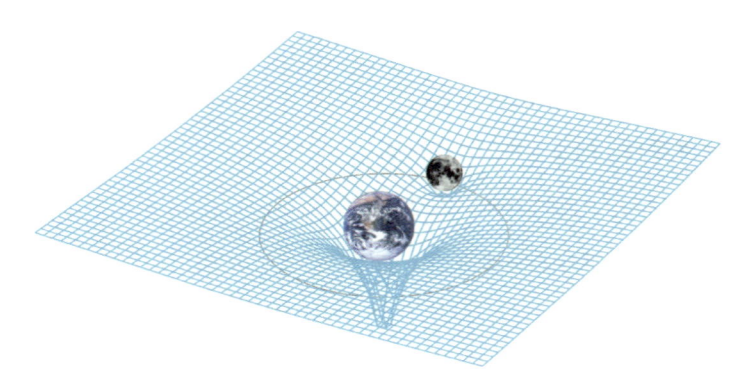

图 1-1 时空

时空是一个物理学概念,它将空间的 3 个维度(长、宽、高)与作为第四维度的时间结合在一起。想象它就像一种可以被质量和能量拉伸和弯曲的"布",而宇宙中的所有事件都在这块"布"上发生。

这个发现意义非凡。想象在一个膨胀的气球上画点,每个点代表一个星系。随着气球膨胀,这些点(或星系)会彼此远离。在我们三维的宇宙中,这种膨胀是由真空——原子和粒子之间的空间——驱动的。哈勃的观测表明一切同源,而真空正不断产生并拉伸空间的结构。"膨胀的真空"确实有点奇怪,因为我们通常认为真空是"无",但如果它不断增长,那确实是难以解释的现象。

哈勃是如何测量星系运动的呢?他利用多普勒效应(Doppler effect)。这种效应在日常生活中表现为救护车接近时鸣笛的音调变高,远离时音调变低。类似地,来自遥远星系的光由于它们远离我们而出现"红移"。我们可以将光想象成由近及远的救护车鸣笛声，光从蓝色（较高能量）向红色（较低能量）转变，当光源远离观察者时，光会变得更红。红移的主要原因是空间本身拉伸了光，从而降低了光的频率，使其变得更"红"。

为了测量星系的距离，哈勃使用已知亮度的特殊恒星。通过比较已知亮度的特殊恒星的实际亮度与它们看起来的暗淡程度，成功计算出恒星与地球之间的距离，也证实了星系越远其红移越明显，从而证明最初的大爆炸的确存在。

于是人们又问：那么，宇宙的共同起点也就是宇宙的中心在哪里？这个问题其实基于一个常见的误解。大爆炸并不是从空间中的某个特定点爆炸，而是空间本身的膨胀。这种均匀的膨胀意味着没有中心起点，因此整个宇宙可以被视为从内部膨胀而成，使得每个点都可以被视为宇宙膨胀的中心。听起来或许有些奇怪，但所有观测都支持这一观点。

尽管哈勃拿出宇宙膨胀的开创性证据，然而许多怀疑者仍将这一理论视为非主流观点，甚至加以嘲笑。事实上，"大爆炸"这个名词正是英国天文学家弗雷德·霍伊尔在 1949 年 BBC（英国广播公司）广播节目中提出的，他当时是在嘲笑这一理论——这有点讽刺，但确实是事实，"大爆炸"这个名词最初是为了讥讽和贬低这一理论。

随着时间的推移，越来越多的观测结果证明大爆炸理论是正确的。一个关键的突破来自两位射电天文学家——阿诺·彭齐亚斯和罗伯特·威尔逊。20 世纪 60 年代，他俩在贝尔实验室工作，任务是搜索从地球轨道卫星反射的微弱无线电信号或微波。这项任务既令人兴奋又令人沮丧，因为反射信号总是转瞬即逝，极难捕捉。

有一天，他们的仪器捕捉到了一些奇怪的东西：不是回声，而是一种微弱且恒定的信号，充满整个天线。这是一种电磁信号，随着仪器的不同调谐方式而发生变化，可能类似于老式电视的背景噪声、嗡嗡声，甚至是一种视觉上的光晕。但无论说它像什么都显得很诡异，因为它并非来自卫星，而是来自所有方向。

来自太空的信号怎么可能来自所有方向？他们检查了一切——天线上的鸽子粪便？不是。线路故障？不是。仪器故障？也不是。

时间流逝，一个疯狂的想法逐渐浮现：这会不会是数十亿年前大爆炸本身的回声？大爆炸理论的支持者实际上预测过这种来自初始爆炸的宇宙回声。他们还预测，根据大爆炸理论，宇宙不应该有一个"零点"，因此宇宙静态信号会均匀地从所有方向传来。但几乎没有人真正期待探测到这种信号。

彭齐亚斯和威尔逊越来越兴奋，因为他们在分析数据后发现，这种嗡嗡声在各方面都与大爆炸余辉的预测特征相符。他们意识到，自己实际上正在聆听宇宙诞生时刻的回响。

这一发现于 1965 年发表，后来被称为"宇宙微波背景"（cosmic microwave background）辐射，震惊世界。它再次证实了大爆炸理论，并最终为这两位科学家赢得了诺贝尔奖。

关于膨胀的谜团

难以置信的是我们人类竟然能够聆听创造我们世界乃至我们自身的爆炸之声，但我们确实可以。借助韦布空间望远镜，我们甚至可以看到大爆炸后 3 亿至 4 亿年，也就是 134 亿年前的景象。因为来自最遥远天体的光需要数十亿年才能到达我们这里，所以这个观察完全可能。

即使使用我们能够建造的最强大的望远镜，仍有一些遥远的星系是我们永远无法观测到的。大爆炸之后，宇宙的膨胀速度曾一度减缓，但后来又再次加速，现在它的膨胀速度甚至超过了光速！

这意味着来自最遥远星系的光将永远无法到达地球。地球与这些星系之间的距离增长得太快了。科学家估计宇宙的 97% 是我们事实上无法触及的，隐藏在"宇宙视界"之外。然而，我们仍然可以观察到光线越过这一视界之前发出的光，犹如对往昔的惊鸿一瞥。

爱因斯坦的相对论仅禁止超过光速的、"穿越"空间的旅行，但空间本身可以自由膨胀。这种膨胀解释了宇宙的巨大规模（直径达 940 亿光年！），尽管它非常"年轻"，只有 138 亿年。

除此之外，令天文学家们最感困惑的观测之一是无论他们朝哪个方向看，宇宙中星系的分布都比理论预期中更加均匀。考虑到引力会倾向于形成巨大的星系团，其间被广阔的虚空区域隔开，所以这种相对均匀的分布令人讶异。然而，宇宙最初的剧烈膨胀却可以解释这一现象。

科学家们仍在努力解决许多问题。例如，有一种理论认为，所谓的暗物质将星系聚集在一起，而暗能量推动宇宙加速膨胀。这些解释依赖于我们目前对物理学的理解，而且可能并不完整。例如，150 年前，人们认为热是一种物质，但我们现在知道，它只是原子运动速率的能量表征。同样，暗物质和暗能量可能并非独立存在，而是空间、时间或引力的隐藏属性。例如，修正牛顿动力学（Modified Newtonian Dynamics）提出，引力定律在远距离时会发生变化，从而消除对暗物质的需求。同样，一些理论认为，暗能量是所谓量子真空的虚构替代品，而量子真空是空间本身的基本属性。

无尽的谜团

宇宙充满了引人入胜又令人困惑的谜题。其中最令人费解的当数这3个：一是什么引发了宇宙大爆炸？二是大爆炸之前存在着什么？三是物理定律从何而来？

许多宗教通过假设上帝创造了宇宙来回答前两个问题，但这导致哲学上的死胡同，即所谓的无限回归问题，令人极其沮丧。"如果上帝创造了宇宙，那么是谁或什么创造了上帝？"这种思维路径导致无尽的创造者链条，最终无法回答起源问题。

一些宗教派别通过假设上帝存在于时空之外，使其成为永恒且未被创造的存在，来解决这个无限回归问题。然而，很难理解某种事物未被创造却能够存在，更不用说它如何存在于时空之外却仍能在时空中行动。

在宗教之外，近几十年出现了一个发人深省的假设：我们的现实是一个复杂的计算机模拟。该观点可以解释宇宙中一些令人困惑的奇特现象，因为模拟是编程，不需要有意义，可以包含任何可想象的参数。因此宇宙就可以从虚无中诞生，事物也可以无限奇怪。换句话说，程序可以包含任何没有道理可言的内容。

但模拟假设引发一系列新问题。首先是构建如此庞大的机器的荒谬性。这台机器能够模拟我们宇宙中的每一个原子、夸克和粒子，所需的计算资源将是惊人的，电路需要跨越难以想象的距离。再者如果我们存在于一个模拟程序中，那么是谁创造了这个模拟程序？是另一个实体？或者这个模拟者也存在于另一个模拟程序中？这再次将我们带入无限回归的兔子洞，现实的起源依然神秘缥缈。

多重宇宙？

在更高阶的科学圈中，存在一种基于循环宇宙模型（cyclic universe model）的解释。试着想象我们的宇宙在某个时刻达到一个转折点，引力开始占据主导地位，并将一切向内拉，最终导致"大挤压"（big crunch）。然后又一个新的宇宙大爆炸发生，如此循环往复，无穷无尽。这个解释听起来很吸引人，但我们没有证据支持该解释。事实上，宇宙的膨胀正在加速而非减缓。当现象与理论预测相反，这着实令人烦恼。

循环模型的一个著名变更版解决了同时实现加速膨胀又能导致新的大爆炸的问题。在罗杰·彭罗斯提出的共形循环宇宙学（conformal cyclic cosmology）中，所有物质最终都会衰变为辐射，因此晚期宇宙将只包含能量，而没有恒星或行星。根据彭罗斯的观点，这种机制使得时空可以进行所谓的共形重新缩放，宇宙的大小变得无关紧要，并能够从一个周期的结束平滑过渡到下一个周期的开始。

其他科学家则倾向于多重宇宙理论（multiverse theory），描绘出一幅宇宙丰饶的景象。我们的宇宙因此像是无数宇宙海洋中的一个气泡，而每个宇宙都有自己的一套物理定律。这些宇宙或可能被看不见的膜隔开，或可能存在于完全不同的维度中。该理论的一些版本认为存在无限多个宇宙，另一些版本则认为宇宙数量虽然庞大但有限。无论是循环宇宙理论还是多重宇宙理论，都无法逃避无限回归的问题：这一切是如何开始的？

微调的宇宙理论

多重宇宙理论的一个迷人之处在于它们可以解释宇宙物理常数的精细微调（fine-tuning）。这种微调是一个令人困惑的现象，因为微调某些常数竟会使宇宙无法孕育我们所知的生命。以引力为例，如果恒星的引力增强5%，它们就会在自身重量下坍缩，变成密集的火球，而无法形成更重的元素作为生命的基础。相反，如果引力减弱5%，恒星将永远没有足够的能量点燃氢，宇宙将陷入永恒的冰冷黑暗。

我们再来考虑电磁力（electromagnetic force），如强度仅偏离0.01%，原子就无法通过共享电子（electrons）结合，使得生命的基本构建模块，也就是分子（molecules），最终无法形成。星系也就将充满未结合的氢而永远孤独贫瘠。

继续依此类推，强核力、电子和质子的质量，甚至质子与电子的质电比，都恰好适合生命出现。而微小的变化就会使生命成为不可能。

这些规则如此精细以支持世间万物，这难道不奇怪吗？多重宇宙理论给出的解释是，如果存在无数个宇宙，每个宇宙都有随机不同的物理定律，那么至少有一个宇宙会具备生命所需的必要条件，而我们的宇宙恰好就是这个或其中之一。

我们仍然不清楚这一切是如何开始的。如果时空本身，即现实的交织，在大爆炸之前就根本不存在呢？比如世界并非完全虚空，而是一个没有空间也没有时间的奇异量子（quantum）世界，只有一片不可预测的能量海洋在无序波动。在这混沌状态中，能量可能短暂地转化为微小的时空碎片，然后再次消失，就像量子"爆米花"一样，于存在和不存在之间跳跃。

想象在某个时刻，这种闪烁的混沌突然受到规则变化的冲击。或许我们所知的物理定律并非一直适用。物理定律发生变化，引发巨大的能量释放，迫使时空稳定并膨胀，从而创造了大爆炸。从这个角度考虑，大爆炸并非真正的起点，更像是一个激烈的阶段变迁，类似于水在加热时变成蒸汽。

宇宙的旋转：黑洞是关键？

多重宇宙理论的另一个更新版提议，某些物理特性只有在临界密度的极端条件下才会显现。该提议自然地将注意力引向黑洞。黑洞能否创造新的宇宙？

乍听之下，这是反直觉的，因为我们通常认为黑洞是由极度压缩的物质构成的球体，这与膨胀且大部分为空的时空几乎完全相反。

然而，物理学家尼科德姆·波普瓦夫斯基等人提出，黑洞内部能量和物质的临界密度可能促进新时空形成。该理论并不一定需要物理定律的根本性改变，而只需要临界密度激活某些仅在极端条件下才显现的物理特性。

该概念同时引出另一个有趣的问题：由黑洞孕育的宇宙是否会继承黑洞起源的特性？比如旋转就是这样一个特性，因为大多数黑洞被认为在旋转，且通常以极高的速度旋转。如果一个宇宙从旋转的黑洞中诞生，那么这种旋转运动并非不可能被传递给新生的宇宙。

为了研究这个问题，科学家们利用韦布空间望远镜观测数据，从地球视角研究星系的旋转。2025 年发表的一些分析注释了 263 个星系的旋转方向，其中 158 个星系的旋转方向从地球的视角看是顺时针的，而另 105 个星系的旋转方向是逆时针的。如果星系旋转方向是随机的，那每个方向的旋转数量应大致相等。观测结果却显示明显的不平衡，而靠随机偶然性发生这种结果的概率约为 0.07%。因此，我们观察到的模式不大可能仅是随机偶然的结果。

虽然这些观察结果还不是黑洞创造宇宙的证据，但它可以解释为对该理论假设的支持。

恒星：宇宙的炼金术士

让我们回到非常确定的部分：快进到大爆炸后的数百万年。宇宙仍然在膨胀，但已经从最初的炽热状态显著冷却。此时广袤的空间充斥着几乎完全由氢和氦组成的气体云。

宇宙的第一批恒星在这个时期内开始形成。恒星的诞生始于一个巨大而缓慢旋转的气体和尘埃云团，其直径可达数千光年。时间推移，在引力作用下，原子间距离不断缩小，云团逐渐演化成密度更高、温度更高的原恒星（图1–2）。最终，云团中心变得极其紧密和炽热，开始向外辐射热量与光芒。但是外层云团仍保持较低温度，将发光的核心区域遮蔽于外部观测者的视线之外。

恒星诞生的关键时刻发生在核心的温度和压力变得极高导致氢原子聚变成氦的时刻。点燃这种核聚变所需的压力高于地球表面大气压的1 000亿倍。这种压力下释放的能量比任何原子弹都要强大数百万倍。这种能量是连续释放的，犹如火山喷发中的熔岩般剧烈翻腾，在恒星质量体内激发出巨型能量波。同时，强烈的光和热从核心辐射出来。由于恒星的巨大体积，这些光热能量可能需要经过数十万年才能到达表面。

图 1-2　原恒星

这张由美国国家航空航天局（NASA）、欧洲航天局（ESA）和加拿大航天局（CSA）使用韦布空间望远镜拍摄的图像展示了原恒星 L1527。它位于一团被引力拉向它的物质云中心。随着时间的推移，它将演化成一颗像太阳一样的普通恒星。

恒星是宇宙的炼金术士，通过核聚变将较轻的元素转化为较重的元素。它们首先将氢聚变成氦，然后将氦聚变成铍，再进一步聚变成碳和氧，依此类推，最终创造出直至铁的更重元素。这一过程以及所谓的再电离（reionization）塑造了早期宇宙。再电离发生在第一批恒星开始发光时。它们强烈的光线将电子从氢原子中剥离，失去电子的氢原子变成了质子。气体的电离使宇宙变得更加透明。

恒星点燃所需的时间取决于其质量。像太阳这样的小质量恒星需要1 000万~2000万年才能完成演化，之后可以发光数十亿年。大质量恒星形成得更快，生命更狂野，但寿命也更短。它们创造出直至铁的元素，然后以超新星（图1-3）的形式爆炸。这一壮丽事件锻造出金和铀等更重的元素。恒星创造的元素随后散布到宇宙各处，为未来的恒星和行星提供构建模块。

有趣的是，我们身体的大部分物质都来自恒星的燃烧核心。我们体内的氢诞生于宇宙最初几分钟。其余部分则完全由星尘构成。当佩戴金表或金饰，我们实际上是携带爆炸恒星的残骸。

复杂性级联 #3
- 事件：更重原子的形成
- 时间：大爆炸开始后的 10~12 秒内
- 原因：宇宙在最初的几分之一秒内冷却

图 1-3 超新星

这张由哈勃望远镜拍摄的图像展示了巨大的蟹状星云。这是一颗恒星在公元前 5500 年左右爆炸后的残骸。由于爆炸的光需要很长的时间才能到达地球,人类直到公元 1054 年才观测到它。

约 130 亿年前,一团巨大的气体和尘埃云开始收缩,形成我们的银河系;约 46 亿年前,银河系某旋臂中的一片分子云坍缩,孕育了我们的太阳。在环绕初生太阳的气体与尘埃旋转盘(原行星盘)中,微粒逐渐凝聚形成包括地球在内的各大行星。这就是我们美丽的地球如何从近乎虚无中诞生的故事。

2

氢的邀约

无论相信与否,宇宙的复杂性始于简单模块。本章追溯信息单元——从大爆炸粒子的诞生到原子与分子的形成,探讨自组织、分形和混沌理论,揭开宇宙形成和驱使其越发复杂的隐藏数学规律。

想象有个叫"氢"的小原子,大爆炸后20分钟才出生,感觉有点孤单。为了寻找同伴,小家伙注册了一个交友网站(Tinder)的账号,放上了自己最帅的自拍,还写了一段非常吸引人的简介:

"嘿,我是氢小帅(H),别看我简简单单就一个质子加一个电子,但我超级多才多艺,还喜欢跟别的原子交朋友。我还能变成固体呢!我的化合价是1,意思是我有一个电子可以分享,不管是共价键还是离子键,我都能玩得转。我特别喜欢氧(H_2O,懂的都懂!)和碳,不过跟氮和卤素(halogens)也处得不错。如果你想找个靠谱、稳定还能适应各种情况的伴侣,赶紧右滑选择我吧!😀"

这时候,他刷到了一位可爱的"氧小美"的资料:

"嘿,我是氧小美(O),绝对的派对灵魂人物!我是社交达人,喜欢建立长久的联系,不过短期关系我也不排斥。不管你是寻找长期承诺的碳(CO_2,懂的都懂!),还是想跟我来场激情邂逅的氢,我都愿意试试看!😀"

氢小帅和氧小美互相右滑,激情瞬间点燃。但氢小帅很快发现,氧小美的对象可不止他一个,另一个氢小帅也在里头掺和。这下可好,直接成了"三角恋"!

现在想象氢小帅是个氢原子，氧小美是个氧原子，他们的"三角恋"形成了众所周知的化合物 H_2O，也就是我们熟悉的水分子。

• • •

元素单元的涌现

这个虚构故事的核心点在于复杂性和"信息单元"。"单元 / 符码 / 表征"（token）这个词源于古英语的"tācen"，意思是"标志"或"象征"。如今这个词用来描述各种可识别的单元，代表信息或意义。听起来有点学术，举个例子，在这本书里，每个词或数字都是一个信息单元。

氢和氧各自有一些可以非常具体描述的属性，比如质量、磁矩、能级、同位素、放射性、电子排布等。这些属性加在一起，为这两个原子提供了 53 个元素单元，也就是 53 种不同的信息或意义的表现形式。

我们已经见证宇宙是从一个单一联合的能量场中诞生的。在大爆炸后的最初几分之一秒内，4 种基本力分离了。这种分离显著增加了宇宙的复杂性，因为每种力都有自己独特的属性和相互作用。在前 3 秒内，基本粒子（particles）和反粒子（antiparticles）也出现了，它们是所有物质的构建模块。这些粒子各自有特定的属性，比如质量、电荷和自旋，进一步增加宇宙的复杂性。事实上，这些粒子让宇宙的复杂性增加了194个元素单元。仅仅3秒钟，宇宙就从极度均匀的状态变成了充满各种力和粒子的多样性世界。

随后，最初的4种元素——氢、氦、锂和铍出现，进一步增加宇宙的复杂性。每种元素的原子核中有不同数量的中子，所以它们被称为"同位素"（isotopes）。这个词来自希腊语，意思是"同一位置"，因为它们在元素周期表中占据同一个位置。基本粒子总共提供几百个元素单元，但描述这些最初的原子及其同位素需要数千个元素单元，单元总数达到了5 000~6 000个。所以，在大爆炸后仅仅20分钟，复杂性就大幅飙升。

恒星是原子多样性的真正"建筑师"。它们通过核聚变创造剩下的88种自然存在的元素，形成包含80种稳定元素和大约260种稳定同位素的庞大元素周期表。这些元素可以组合成无数的分子。不过，到目前为止，我们只在星际和星系间空间中发现了大约250种独特的分子。如果将未经证实的发现也纳入考量，分子多样性可能略高一些。目前，对无生命宇宙中不同原子和分子总数的估计约为350种。理论上这个数字可以更高，但创造它们的条件并不存在。

无论如何，350种原子和分子代表了数千个新的元素单元，而这种化学多样性可能将宇宙的元素单元总数增加到15 000~

16 000 个。于是宇宙获得了完整的元素周期表上的原子，理论上可以由此生成多达 10^{60} 种独特的分子。然而在没有生命的情况下，这种情况不会发生。这意味着在大爆炸后的至少数百万年里，宇宙的复杂性保持得非常稳定，而且在化学层面上非常简单。

这种稳定标志着量子物理学家大卫·多伊奇所说的"大单调"（The Great Monotony）的开始。在大爆炸和原子形成的最初几波戏剧性和创新性事件后，宇宙陷入一种重复事件的状态，比如恒星形成和彗星轨道，使得宇宙事件在极长的时间尺度上变得可预测。多伊奇将这种单调归因于他所说的"层级法则"（hierarchy rule），即像恒星这样的大型天体几乎不受彗星等较小物体的影响。例如，如果两个物体碰撞，最终只会得到一个。因此，几乎没有什么东西能创造更多的复杂性。

自组织与自相似性

我们如何从这复杂性的停滞状态进化到水边的玛利亚呢？这必须从结构是如何形成的谈起，从原子和分子可以在不形成新分子的情况下创造出迷人结构的事实开始。想象在一个遥远的星球上，水蒸气在天空中飘荡，一颗小尘埃被卷入冷气流中。水分子附着在尘埃上冻结成冰，慢慢地，一片闪闪发光的雪花开始生长。几分钟后，雪花长得足够大，重力开始将它拉向地面。

雪花中精致的分支图案蕴含着一些真正的神奇：尽管它们由完全相同的物质组成，且都是六边形的，但它们从未完全相同。这种复杂的特性源于水分子在冻结时形成的六边形晶格结构。晶格促进了6个角的生长，形成分支，分支的尖端吸引更多的水分子，导致进一步的分支。雪花（图2-1）有一种轻微的自相似性（self-similarity）倾向，即每个小分支在某种程度上反映了整个雪花的形状。这种在越来越小（或越来越大）的尺度上重复相似图案的现象称为分形（fractals）。因此，分形是在更大结构内、不同尺度上的级联复制。

图2-1 雪花

所有雪花都是六边形的，但没有两片是完全相同的。分子层面的重复过程最终形成了雪花的复杂美感。

雪花展现了惊人的多样性。一些研究人员估计，雪花的形态可能多达10^{24}种。物理学家肯尼斯·利布雷希特解释说，尽管理论上有可能，但两片雪花完全相同的概率几乎无限小，约为10^{-24}。因此，这是一个从简单中产生复杂性的例子。

秩序与混沌的数学原理

从雪花的复杂性到水边的玛利亚的复杂性，还有很长的路要走。但它们之间有一个重要的相似之处：两者都建立在某种有序框架内，同时又有某种随机性在发挥作用。此外，两者还存在另一个相似之处：我们可以用显微镜研究雪花，也可以用化学和数学模型来描述它们。玛利亚也是如此，尽管她比雪花复杂得多。一般来说，这个属性适用于自然界中的一切。一个著名的例子是波纹痕迹，它是由松散的沙子和流动介质（如水或风）相互作用形成的。在所有有大气或水移动沙子的行星上都可以找到这种痕迹。波纹的大小和间距在任何地方都受流动强度和颗粒大小的控制，并可以精确建模。即使不知道它们的具体成因，也可以用统计学来描述。

这里我们谈到可以对这类现象建模的数学原理。数学原理不是人类的发明。数学关系在我们出现之前就已经存在，我们只是发现了它们。任何可能存在于宇宙中的智慧生命形式都会认识它们。即使假设在具有不同物理定律的宇宙中，逻辑和数学的基本原理也可能是一致的。

同样的情况适用于我们周围所有的数学现象。以一堆沙子为例，当你添加沙粒时，小规模的"雪崩"很常见，但大规模的"雪崩"很少见。这些"雪崩"发生的方式却遵循一致的模式，因此，如果你知道不同的小规模"雪崩"发生的频率，就可以通过统计学预测大规模"雪崩"何时可能发生。这种可预测性也可用于计算地震和洪水这种"百年一遇"事件。因此，当我们知道大地震会发生，而百年之内还没有发生过一次时，我们就可以预期它很快就会发生。关键在于我们要理解这些规律都是在条件合适时自发产生的。这样的现象称为"涌现"（emergence），而"涌现"的复杂性无法直接从描述其基础组成的信息单元中读取。

巨型熔炉铸造宇宙"积木"

自然界有种迷人的能力来创造复杂性，而且这种创造通常是突然出现的。物质、能量或其他东西（如信息）特别密集的集群突然触发全新事物的形成。我们将这种触发因素称为临界密度，它在宇宙及其智能进化中起着至关重要的作用。

让我们看看正态分布以理解临界密度。自然界中很多事物的分布都遵循钟形曲线。想想人们的身高，大多数人都接近平均值，没有人身高 10 厘米或 10 米，这远不在正常范围之内。

当自我强化过程发挥作用时，自然界可能会显著偏离这种正态分布。地震、洪水、森林火灾和雪崩就是这种情况。这时的结果分布要狂野得多。这种自然现象基于一种失控并自我强化的机制。它可能看起来类似于统计学上的钟形曲线，但实际上非常不同（图2-2）。

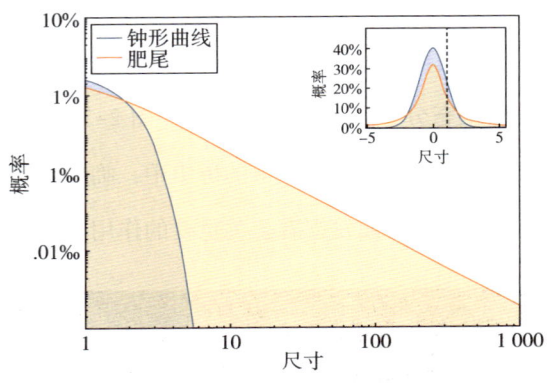

图2-2　带有"肥尾"和不带有"肥尾"的分布

在右上角的小插图中，可以看到两种分布，其中橙色曲线呈现出相对更极端的分布。很难理解两条曲线为何如此不同，所以我们在大图中放大了两条曲线的右侧"尾部"，在蓝色的正态分布曲线中，找到大于10的样本的概率非常小，尾部非常"薄"，并迅速下降到无限深处，橙色曲线分布则有一个"肥尾"，仍能找到大小为10、100甚至1 000的情况。

临界密度是指某种物质的密度变得非常大，从而触发一种全新的动态，创造更多复杂性，比如早期宇宙的密度。大爆炸后不久，物质是均匀分布的，但引力开始将物质聚集在一起。密度的微小差异被放大，形成了密集的区域。经过2 000万~1亿年，这些区域形成了密度极高的天体——恒星。同时，恒星的核聚变将温度提高到 1 000 万~3 亿摄氏度，而周围的空间仍然冰冷。此外，黑洞也出现了，那里的密度更大。如果地球被压缩到黑洞的密度，那么它的半径将不到 1 厘米！黑洞的特点就是临界密度。有个推测性的理论认为，新的宇宙是从黑洞诞生的。

无论黑洞是否创造了新的宇宙，临界密度现象都是一个频繁的转折点，自我强化的力量将系统推向新的状态。这是一种反叛的力量，打破正态分布，创造极端现象（图 2-3），并为新的复杂性创造肥沃的土壤。在整个宇宙的历史中，临界密度在克服复杂性障碍和推动进化方面发挥着至关重要的作用。

图 2-3　韦布空间望远镜看到的银河系部分

这张图展示了一个巨大的星云，以及距离约 25 000 光年的一群原恒星和大小各异的恒星。物质的分布遵循"肥尾"分布，我们可以对其进行模拟，后文将详细讨论。

确定性混沌

自然界创造结构的一些方法属于所谓的混沌理论。这是个充满着发人深省的模式的世界，以至于科学界直到 20 世纪 70 年代才真正理解它。此后，它被大众所熟知，因为即使是最简单的系统，也能通过所谓的确定性混沌产生极其复杂和迷人的行为。我们可以把它看成是宇宙让我们保持警觉的方式：即使微小的变化也可能导致不可预测的结果。以著名的芒德布罗集（图 2-4）为例，它是由一个超级简单的方程式生成的迷人图案：

$$z_n = z_{n-1}^2 + c$$

这个方程在每个缩放级别上产生无限的细节。就像雪花，虽小，细节却无穷无尽。

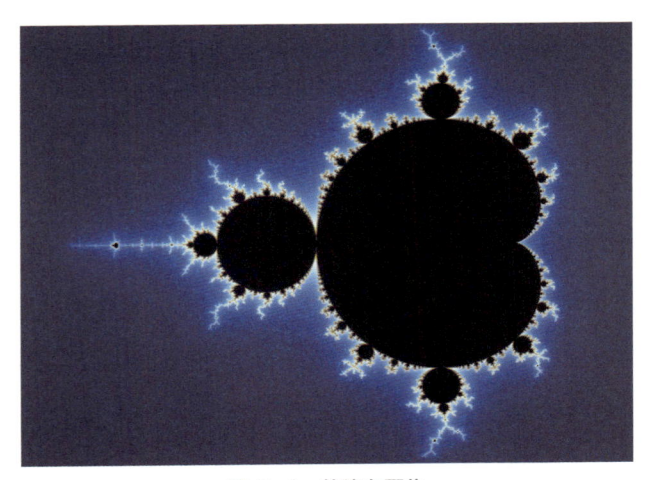

图 2-4　芒德布罗集

看起来非常复杂，实际比看到的更复杂。如果你不断放大图形，它就会不断自我重复！例如，如果你看标记的"尖端"，你会发现芒德布罗集就在那里。放大它，它会再次出现。一次又一次，永远如此。

然而芒德布罗集并不是用来描述任何真实事物的。如果想看看混沌是如何轻易地在运动事物中产生的，就想象像钟摆（图2-5）这样无聊的东西，它就只是来回摆动，你它看超过十秒钟就要打瞌睡了。

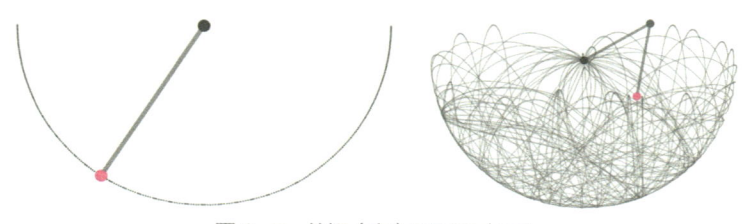

图 2-5　单摆（左）和双摆（右）

单摆有规律且可预测地来回摆动，双摆则不可预测，可能会突然以完全出乎意料的方向摆动。这是一个混沌系统的例子。哺乳动物的四肢可以被看作骨骼的双摆，由肌肉和神经控制。进化确保肘关节和膝关节的运动范围有限，从而防止混沌运动，提供了对四肢的精确控制，本质上进一步驯服了混沌，并在复杂的生物系统中创造秩序。

确定性混沌意味着某种事物是预先确定的，但又如此复杂，以至于你无法在一段长时间内预测其行为。最著名的混沌系统也许是所谓的洛伦兹吸引子（图 2-6）。1963 年，物理学家爱德华·洛伦兹模拟天气，以做出更好的天气预报。他一次又一次地尝试，但天气始终不可预测地沿着一个神秘的、隐藏的"吸引子"运动。将时间线拉长，初始条件中非常小的不确定性可能会导致某时（如两周后）的天气发生非常大的变化。

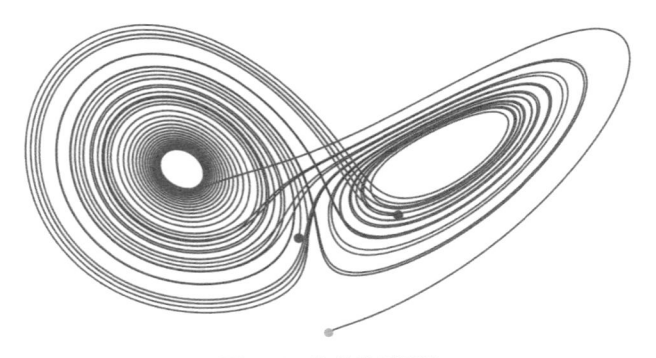

图 2-6　洛伦兹吸引子

图中展示天气即使从几乎同一个地方开始，也将在一段时间后大相径庭。浅蓝点代表两个不同日期的天气起始点几乎相同，开始时，绿色的天气曲线与紫色曲线重叠，在一段时间内天气几乎相同。然而，一周后的天气在紫色曲线上突然跳脱出来，然后就一直沿着自己的路径发展下去。原则上，最初的差异可能小到一只蝴蝶扇动翅膀或者一只蚂蚁将空气推向不同的方向。

　　自然界遵循的过程可以用数学规则来描述，这些规则有时会产生极其奇怪的结果。例如，巴恩斯利蕨类（图 2-7），这是一种通过重复 4 个简单的数学程序创建的虚拟蕨类植物。它看起来像真正的蕨类植物，但它是纯粹的数学产物。事实上，它以英国数学家迈克尔·巴恩斯利的名字命名，他在 1988 年出版的著作《无处不在的分形》(Fractals Everywhere)中介绍了它。

　　大自然"热爱"这样的模式。你是否曾注意到松果上迷人的螺旋，或者罗马花椰菜（图 2-8）上复杂的图案？它们就像大自然的艺术作品，而背后有个简单的数学密码：斐波那契螺旋。

2　氢的邀约　　035

图 2-7 巴恩斯利蕨类图像

每个分支只需要旋转和放大,你就会再次得到一个蕨类植物。它无限重复自己,就像芒德布罗集。

图 2-8 罗马花椰菜

你可以清楚地看到,各种斐波那契螺旋从顶部开始并向四周延伸。每个芽都是整个花头的缩小版。芽上的次芽也是花头的缩小版。这种植物是一种自相似的分形,就像巴恩斯利蕨类和芒德布罗集。

这种美丽的螺旋是由斐波那契数列构建的，其中每个数字都是前两个数字的和。它从 0 和 1 开始，然后是 1+1=2，1+2=3，依此类推：

$$0, 1, 1, 2, 3, 5, 8, 13, 21, 34, \cdots$$

就像是大自然在说："保持简单，保持最优，继续前进！"反过来想想：植物并没有内置的计算器来形成这些完美的形状，但是随着内部分生组织的生长，它总能坚持将每个新芽推离之前的芽。仅此而已。

同样的螺旋模式可以在松果的排列、向日葵种子的分布、鹦鹉螺壳的腔室，甚至人体的某些比例中观察到。大自然似乎有种能力来找到复杂问题的优雅解决方案，并反复收敛到相同的模式上。

在接下来的章节中，我们继续探索宇宙的历史，将遇到更多这样的模式。大自然和其他动态系统不断发现那些要么已经存在并像雪花一样让我们着迷的结构，要么像花椰菜形状一样带来成功的结构。通过理解这些模式，我们从基础开始建模，并解释复杂性和智能如何随着时间的推移而演化，最终达到超智能。

3

从"乐高"到生命

本章深入探讨推动宇宙创造力的核心引擎——组合复杂性。您将了解简单的构建模块如何创造出惊人的可能性,并准备好探索从大爆炸到超智能未来的 10 大复杂性飞跃。

当我们探索自然界背后的数学时，会遇到一个迷人的现象：组合复杂性原则 (the principle of combinatorial complexity)。这一原则解释了为什么即使只有少量元素，组合可能性也会呈现指数级增长。想象只有两个组件"a"和"b"的系统。最初，它们可以组合成"ab"，就有了 3 种选择："a""b""ab"。当我们添加这 3 种选择进入可能性组合时，选项的数量并不是线性增加，而是呈指数级增长。在下一层级，我们就已经有多个选项，比如"aab"和"bab"。这种模式持续下去，每增加一个元素或元素之间的新交互，可能的组合数量就会爆炸式增长。与简单的增加不同，每种新的可能性都会创造多层复杂关系，这些关系可能迅速变得几乎无限。这就是为什么自然界或技术网络这样的复杂系统可以用很少的基本元素实现巨大的多样性。

组合级联具有指数级增长的内禀特性。不仅如此，当多个这样的现象交织在一起时，结果可能是超指数增长，就像增长被打了激素，增长率本身也呈指数级增长。

・・・

通往超智能的复杂性级联效应

宇宙中复杂性的增长并不是平稳发生的，它往往以爆发的形式展开。想象系统中出现一个新元素，它触发一系列组合和可能的级联效应，带来一次创造性的爆炸，直到系统达到其即时极限为止。在下文中，我们将这种创造性爆炸中的可能性世界称为"设计空间"。换句话说，这是一个可能性的空间。设计空间的外缘称为"规模屏障"。创造力只能达到这个极限，无法超越。

现在我们从这个角度回顾复杂性的历史。前两步是亚原子粒子的形成，然后是4种最简单的原子的形成。这两步仅用了极短的时间。但随后复杂性停滞了数百万年，直到恒星出现。这些宇宙中的高压熔炉为原子融合提供了必要的环境，创造了更广泛的元素，就像从一套基本的乐高积木升级到一套拥有惊人可能性的积木。

但即使恒星也有其极限。最终，它们贡献了所有能贡献的东西，宇宙陷入一种更可预测的模式，设计空间似乎再次被填满。当然，这些原子原则上可以组合成无数的分子，但当时并没有太多过程来创造这些组合。因此，复杂性再次停滞。

最显著的飞跃是从第3步（原子和分子）到第4步（活细胞）。从第4步开始，也就是活细胞的出现，这一过程不仅涉及复杂性的编码，还涉及智能的编码。这种组合将宇宙变成了一台自发的计算机，它编写自己的软件——能够以前所未有的方式进化和适应的代码。这是一个疯狂的想法。之后，复杂性飞速增加。我们现在看到的模式是前10个阶段已经完成，第11个阶段即将到来：

- 亚原子粒子组合形成……
- 原子，随后恒星创造了……
- 整个元素周期表，这导致……
- 活细胞，终于形成了……
- 细胞器和多细胞生命，这催生了……
- 地球的生物化学转变，随后是……
- 意识和探索性智能，以及……
- 为计算机和电信铺平道路的技术，然后带来了……
- 人工智能（AI），随后是……
- AI集群智能，接着是……
- 基于AI的超智能。

这种不断扩展，随后遭遇规模屏障，最后突破到更大复杂性级联的宇宙模式，始终贯穿整个宇宙历史。这一发展正在不断加速：在第2步和第3步之间，以及第3步和第4步之间，甚至第 4 步和第 5 步之间，都有数百万年的停滞期，但随后，复杂性一路高歌猛进。现在，我们正见证一种前所未有的发展速度，仿佛世界的智能正在爆炸式增长。因此，我们也可以相当确定地预测，在实现基于 AI 的超智能之后，还会有更多的发展。我们将在本书的第 4 篇讨论这一点。

奇点

这种构建复杂性遇到极限然后突破到更高层次的模式，与斯图尔特·考夫曼在其 2000 年的著作《探究》（*Investigations*）中描述的内容非常契合。考夫曼解释说，在任何时候，都存在一组现有元素的潜在新组合，他称之为"邻近可能"（adjacent possible）。每当一个新的组合出现时，它不仅增加现有的内容，还创造新的邻近可能。例如，大爆炸后一秒的氢原子和氦原子属于当时的邻近可能，但雪花和蛋白质还不属于这种可能。随着宇宙的冷却和更多原子的出现，邻近可能最终扩展到包括雪花等更复杂的结构，更晚些时候甚至包括蛋白质。

当从一个组合级联突破其规模屏障进入下一个级联时，人们可以将这种转变视为所谓的"奇点"。这个术语指的是一个时间点，在该点上，现有秩序崩溃，某种全新的、不可预测的事物出现。在这些时刻做预测似乎是不可能的，因为在任何给定的时刻，你拥有的数据和洞察力都太少，无法完全理解刚刚开始发生的事情的后果。

每个更大的组合级联都始于一个奇点。到目前为止，世界已经经历了10次这样的奇点。第11次奇点，现在就在我们眼前，我们即将迎来超智能时代，届时人工智能将在所有领域超越人类智能。

考夫曼方程是如何完美地捕捉到这一切的呢？该公式预测，即使只有一小部分新组合是有用的，有用的组合工具的数量仍然会呈指数级增长。通过这种方式，宇宙中每个组合级联都拓展了可能性的边界，从而带来更多的突破。

这种自发产生复杂性和智能的过程不仅令人着迷，而且简直令人震撼，因为它创造组合级联的方式本身就是一个组合级联，其看似疯狂却千真万确。复杂性的创造由此展现出自相似性，而智能背后的逻辑本身也变得越来越智能。根本性的创新正是宇宙能够编写代码，这些代码又能创造智能，智能继而创造技术。

创造脉动

正如考夫曼方程所表明的，这个过程在操作中不只是要添加新的组合。各种系统通常有着周而复始的节奏：事物结合、分离，然后再次结合。例如，原子形成分子，分子后来又分裂，或者恒星从坍缩的尘埃云中诞生，然后爆炸并将其星尘散布出去，形成新的恒星和行星。

这就像世界在许多地方都有创造的脉动。每个周期都提供新组合出现的机会。这些新事物随后与其他事物结合，循环重复并随着时间的推移积累复杂性。这种模式不仅适用于恒星和原子，而且无处不在。物种有时繁盛有时消亡，但灭绝的物种可能在其他物种中留下了有用的DNA痕迹；文明同样兴衰更替，但留下了有用的信息。创造脉动也存在于国家经济中。经济学家约瑟夫·熊彼特提出"创造性破坏"（creative destruction）这个概念来描述经济增长与衰退之间的转变如何推动创新。这是推动复杂性和最终智能发展的节律。

莎士比亚与无限猴子

回到从元素周期表的出现到生命起源的过程，我们需要认识到代码（code）所扮演的独特角色，以真正理解其天才之处。我们可以将代码定义为存储、传输和操作信息的系统，但其真正的力量在于它能够付诸行动。这种行动有时涉及从自然界中收集元素来构建事物，比如DNA能够构建像蝴蝶这样的奇妙生物。此外，代码还可以创造更多的代码。

曾经有个思想实验绝妙地诠释了这个概念，同时也因其荒谬而显得格外具有启发性，就是"无限猴子定理"（infinite monkey theorem）。该假说认为，如果让一只猴子在打字机上随机敲击无限长的时间，最终必然能打出任何给定文本，比如《莎士比亚全集》。2002 年，一群学生将打字机放进动物园的猴笼里进行验证，5 只猕猴在一个半月里仅产出 5 页纸，内容几乎全是字母"S"。其间，猴子们还损毁了部分打字机，并把它当成马桶。

物理学家玛农·比肖夫采取更为理论化的方法。他计算出，仅仅为了有 40% 的概率打出"banana"这个词，猴子就需要进行惊人的 100 亿次尝试！另一位研究人员估计，一个计算机程序生成莎士比亚《哈姆雷特》（Hamlet）中的一句话需要 10^{32} 年，也就是 1 亿亿亿亿年。要知道，宇宙只有 138 亿年的历史，因此这很可能比宇宙存在的时间还要长得多。实际上要长得多得多，而这仅仅是为了生成一句话！所以这需要天文数字般多的平行宇宙，每个宇宙都由无数只打字的猴子组成，在难以想象的时间内不断敲击键盘，直到其中一只突然真的写出了一部包含 174 379 个字符和约 2 000 句话的《哈姆雷特》。

事实上，确实有个叫莎士比亚的人，他一生中写了 39 部精彩的戏剧、154 首十四行诗和一些长诗。关键在于创造文本和创造代码之间的区别。文本是一个结果，而代码是一个指令，它可以创造更多的代码，也可以创造其他结果。尽管莎士比亚的天才看起来几乎是超自然的，但他和所有人类一样，本质上是遗传代码（genetic code）的产物。这种代码是所有生命的基础，即使是代码中的微小变化，也可能导致结果的巨大差异，而随机敲击键盘的猴子和撰写十四行诗的莎士比亚之间，区别仅在于双方遗传代码 6% 的差异。

现在假设我们所说的猴子不是在打字机上打字，而是在电脑前敲代码。这一简单改变会带来不同结果吗？当然会。即便是少量代码也能产生惊人的复杂性与精妙性，因为代码能通过随机突变和复制自发进化。莎士比亚的文字无法自我延续创作，但代码可以自我迭代升级，最终成为莎士比亚。

正是遗传代码的出现彻底改变了我们的世界，引发了复杂性和多样性的爆炸式增长。

无序 vs 秩序

这个故事引发了一个根本性的问题。它涉及我们大多数人在学校学到的物理学基本定律，包括艾萨克·牛顿在 1687 年提出的 4 条力学定律，其中一条解释了苹果如何从树上掉下来。物理学基本定律一共有 10 条，分为以下 5 类：

- 力学定律。
- 电磁学定律。

- 相对论定律。
- 量子力学定律。
- 热力学定律。

宇宙复杂性的故事显然与其中一条定律发生了冲突，即属于第五类的"热力学第二定律"。热力学第二定律由德国物理学家和数学家鲁道夫·克劳修斯于1850年首次提出。它引入了熵（entropy）的概念，熵是系统中无序或随机性的度量。简单来说，克劳修斯的定律指出，任何孤立系统中的熵（或称无序）要么保持不变，要么随着时间的推移而增加。这是10条经典物理学定律中唯一一条有方向的定律。箭头指向未来，表明无序不可避免地增加。

这就奇怪了：由组合级联创造的复杂性代表着秩序，而熵恰恰是秩序的反面。无序和秩序怎么可能同时增加呢？

答案在于这两条定律所指的范围：在特定区域，复杂性可以蓬勃发展；而整体趋势仍然是无序的增加。以人类为例，我们每个人都是体现着复杂性的奇迹，但死后我们终将化为尘土，而尘土的熵远高于人类。

换句话说，虽然宇宙整体趋向于更大的无序，但在局部的、受限的区域中，复杂性会自发提升。正如我们所看到的，这样的过程甚至可以持续数十亿年，并取得非常长远的进展。我们生活在这样一个区域中，其中的复杂性正呈指数级增长，甚至在某些方面是超指数级增长。

测量组合复杂性

以一种普遍接受的方式衡量复杂性和智能涌现的程度并不容易。在本书中，我们将描述其不同的层次。故事从大爆炸和原子的形成开始，我们将其称为 α 级复杂性，即第 1 级。然后是分子和恒星（β 级复杂性，第 2 级）。接下来的层次是生命（δ 级复杂性）和技术（γ 级复杂性），我们将在第 2 篇和第 3 篇中描述它们。然后，第 4 篇探讨人工智能如何触发组合级联的融合，创造共同进化和创造力的旋涡，以前所未有的速度重塑我们的世界。我们尽力估算不同组合级联创造的复杂性单元数量，最终得到图 3-1。

正如前面提到的，我们事实上正朝着第 11 个奇点迈进，曲线上升得如此陡峭，以至于预测变得极其困难。这种增长是爆炸性的，其速度类似于大爆炸初期巨大而剧烈的膨胀。与大爆炸不同的是，大爆炸的膨胀迅速放缓，而我们现在看到的是一种不断加速的复杂性。这种增长几乎是无限的，因为它由代码驱动，而代码创造越来越多的自我强化的复杂性。我们将在第 4 篇进一步探讨，它涉及多个组合级联的融合。

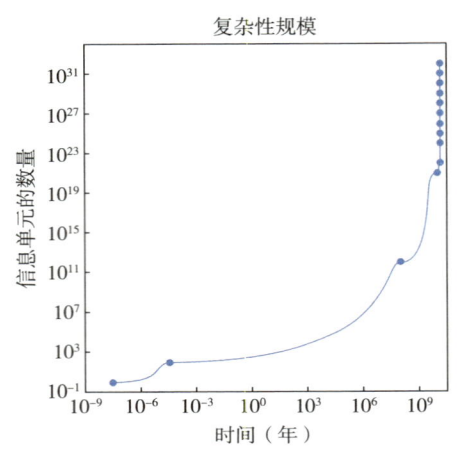

图 3-1 宇宙组合复杂性的增长

该图汇总 138 亿年来积累的 α、β、γ 和 δ 层次的信息单元。视角仅限于我们所知的范围，也就是 γ 和 δ 层次的信息单元仅涉及地球，而不包括其他可能存在生命的行星。该图的两个轴都使用对数刻度来表示巨大的数字。主要结论令人震惊：宇宙的复杂性，通过不同信息单元的数量来衡量，目前正以超指数级的速度飙升。

独创性反馈循环总结

本书第 1 篇介绍了许多思想和概念，我们在此做个总结。

1. 复杂性的自然法则：自然界的基本原则推动了自发创造的、不断增加的复杂性。

2. 组合级联作为引擎：这种复杂性的核心驱动力是组合级联现象。

3. 指数和超指数增长：组合级联本质上呈指数增长，但当多个过程交织在一起时，结果可能是超指数增长。

4. 长期停滞期：当系统遇到坚实的规模屏障时，停滞期就会出现——直到下一个级联的触发事件被点燃。

5. 代码的出现：一些组合爆炸生成代码，而基于代码的爆炸则导致智能的形成。

6. 智能的形成：信息单元可以灵活创建，而不仅是从遗传代码中直接获得。意识和探索性知识能够提出新问题、创造性思考并生成新的假设，最终导致……

7. 技术：我们通过改造环境来放大我们的影响。这铺平了道路，迎接……

8. 计算机和电信。这些随后导致了……

9. 基于计算机的超智能。

正是这种非凡的转变，即自发生物计算机的诞生，使得我们的化学物理奇迹——玛利亚——成为可能。她在克罗地亚度假时，周围环绕着其他化学物理奇迹，比如鸟类、蝴蝶、松树、野花和鱼类。

接下来，我们将深入探索这些奇迹。随着我们深入剖析生物圈的精密运作机制，这个生机勃勃的体系正完美诠释着自发演化的计算系统所能创造的无限可能。

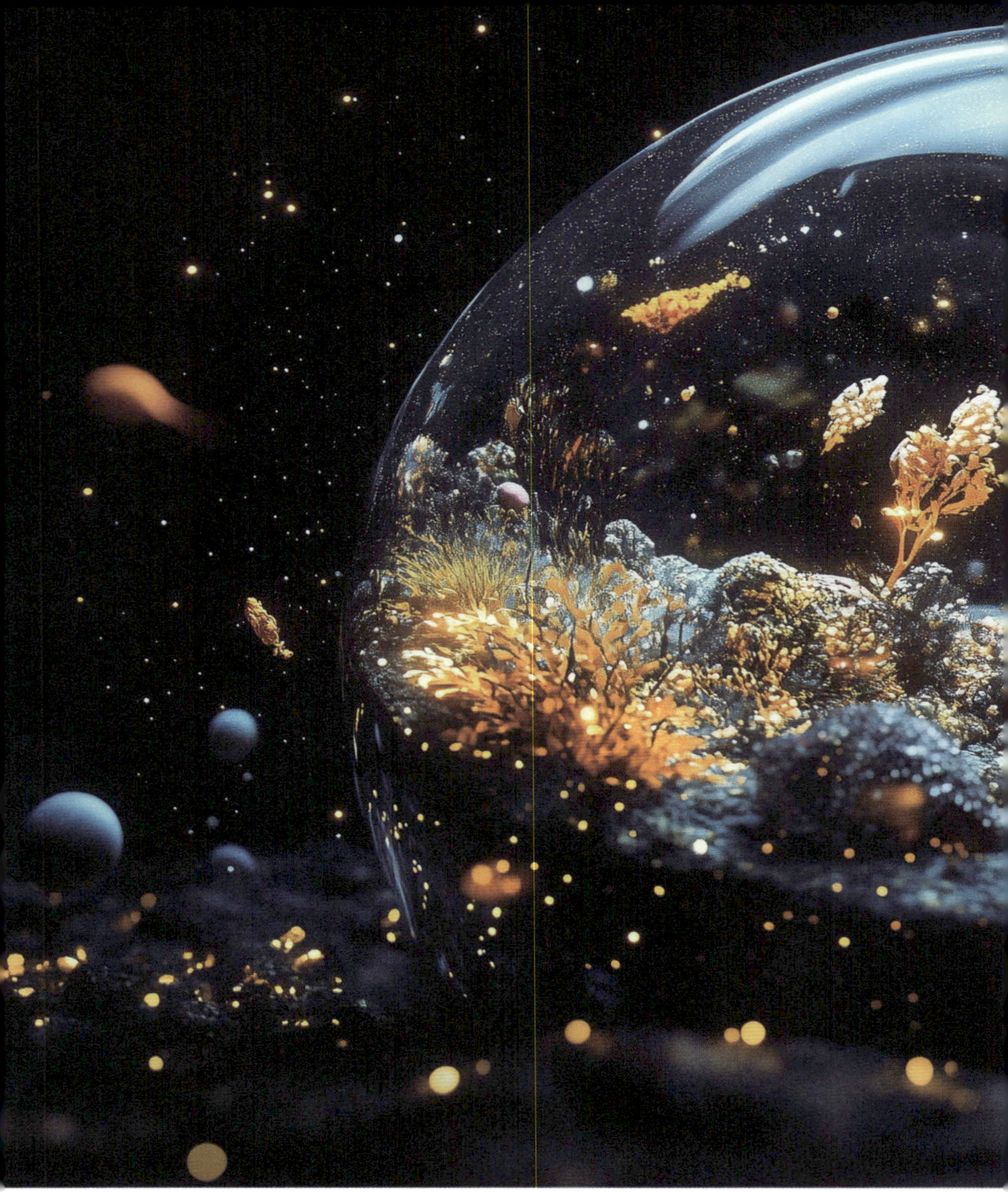

第 2 篇

生物圈

生物圈是全球生态系统，整合所有生物及其相互关系。它涵盖所有形式的生命，如植物、动物、真菌、细菌和其他微生物。

- 起源：可称为"原始汤"。
- 地球生物圈的年龄：35亿~42亿年（浮动几亿年）。
- 产生的遗传代码：大约20 000万亿个DNA碱基对——没错，就是20 000 000 000 000 000个碱基对。
- 重量：惊人的1 841吉吨（大量的生物质！）。
- 能量产出：出奇地高效，100~200太瓦（由阳光驱动！）。
- 物种数量（不包括细菌）：惊人的870万种（而且仍在增加）。
- 现存细菌数量：10^{30}个，多到难以想象（它们无处不在！）。
- 对地球满意吗？是的，生物圈搬进来并改变了几乎所有东西后，感到满意。
- 最伟大的时刻：人类大脑的诞生。大脑的运算能力可以达到每秒10万亿次。

4

玛利亚的诞生

想象原始时代,海洋蒸汽弥漫,火山喷发火焰。黑暗中沸腾的水从海底涌出,隐藏着一个秘密:生命的第一行代码。在这个由分子组成的"原始汤"(primordial soup)中,经过大自然高压锅(同时也是种电池)的烹煮,奇迹发生了。

本章回顾简单的分子随机形成生命构建模块的时代,体验这些模块如何学会复制自己并创造更复杂的结构。这是地球上生命火花点燃的起源故事,也是为所有生命(包括玛利亚)奠定基础的故事。

克罗地亚宁静的夏日清晨，玛利亚站在水中，她的内心充满平静和感激。她几乎一动不动。然而外表具有欺骗性：即使在这平静的时刻，她的身体也在忙碌运转。仅仅 1 分钟内，她大约呼吸 16 次；每次呼吸时，她的肺部都会交换数十亿个氧气分子和二氧化碳分子。这些重要的氧气分子被输送到她的血液，然后到她身体的每一个细胞。她的眼皮同步眨动，她的心脏以每分钟 70 次的稳定速度跳动，将 5 升含氧血液泵送到全身。

玛利亚的脚趾轻轻地在沙粒中移动，但身体却能保持稳定，那是因为她利用身体的肌肉进行了数千次微小的调整才能避免摔倒。这种由肌肉协调达到的和谐平衡，是由体内储存的糖分驱动的。这些糖分通过呼吸的氧气进行分解。其中一些活动可以由大脑有意识地控制，但大多数活动是自动发生的。

微观层面的活动异常繁忙。玛利亚的身体包含大约 37 万亿个细胞。作为身体不断更新过程的一部分，每分钟大约有 3 亿个细胞被替换掉。同时，玛利亚的大脑通过神经元每分钟向身体发送超过 50 万亿个信号。如此等等，超速运作。

她身体的各个层面都如旋风般活动着。一些细胞，如肠道内壁的细胞，几天之内就会更新，其他细胞的寿命甚至更短；细胞的能量工厂线粒体，每月都会更新一半；对神经系统的结构至关重要的微管，只能存续几天；在学习和记忆中起核心作用的 NMDA 受体（N- 甲基 –D- 天冬氨酸受体），几小时内就会被替换掉；大脑突触也会平均每 90 分钟形成和分解一次。玛利亚的记忆，甚至她的短时记忆，都依赖于大脑突触不断地感知、黏合并发送信号。

尽管诗人可以用美丽和宁静这样的词语来描述玛利亚此刻的状态，哲学家可以探究她的意识深度，但是自然科学家会将她视为一个由复杂计算系统驱动的、正全速运转的、极其复杂的生物体。那么，地球是如何创造玛利亚的呢？让我们回到过去看看一切。

• • • •

玛利亚的祖先

想象玛利亚的祖先们排成一列长队。从玛利亚自己开始，她的母亲、祖母、曾祖母等，以此类推，一直追溯到无数代以前。每一位母亲都是时间回溯的垫脚石，她们的队伍一直延伸到视线之外。

想象你现在正沿着这列不可思议的队伍走下去：以每小时

4 000 米的悠闲步伐，步行经过离你年代最近的祖先。1 小时内你走了 4 000 米，经过大约 4 000 代。一开始，你看到的祖先看起来很像玛利亚，但随着你沿着队伍走得更远，时间回溯得更久，微妙的变化开始出现。2 小时后，你已经经过大约 8 000 位祖先，此时你明显注意到她们的大脑或头骨看起来更小一些，体毛可能也更旺盛一些。

随着你继续前行，变化变得更加深刻和显著。到达大约 100 万年前的玛利亚的祖先时，你会遇到类似直立人（*Homo erectus*）的祖先。直立人比玛利亚更强壮，脸型更大，眉骨更突出，头骨更小，但他们直立行走，身体比例与玛利亚相似。

经过几个月的步行后，你会看到大约 200 万年前的祖先。在这里，你会看到能人（*Homo habilis*），她们是人属（*Homo*）的最早成员之一。这些祖先体型较小，外观更像猿类，大脑容量约为现代人类的一半。尽管外观更原始，但能人已经在工具制造方面取得了显著进步，并使用简单的石器工具狩猎和采集食物。

追溯到大约 600 万年前，你会遇到体型更小、全身覆盖毛发、手部类似于猿类（适合用指节行走）的祖先。这些迷人的生物是我们与黑猩猩的共同祖先，称为"黑猩猩 - 人类最后共同祖先"（Chimpanzee-Human Last Common Ancestor，CHLCA）。

1 000 万年前

你现在需要一辆车,因为玛利亚的祖先队列似乎无穷无尽。随着旅程继续,借助引擎,你回到了 1 000 万~1 200 万年前。在这里,你会遇到原康修尔猿(*Proconsul*)这样的祖先。这是一种早期灵长类动物,兼具猿类和人类的特征。原康修尔猿生活在树上,拥有更灵活的脊柱,赋予它们更大的运动自由度。

你现在已经回溯了很长的时间,但请继续旅程。到达大约 2 000 万年前,你会遇到埃及猿(*Aegyptopithecus*)这样的祖先。这些早期灵长类动物的脑容量只有核桃大小,完全适应了树上的生活。真是不可思议,玛利亚居然是它们的后代。

某个时刻你回溯到了 2 亿年前,遇到了摩根齿兽(*Morganucodon*)这样的早期哺乳动物祖先。它们是小型夜行性生物,也是最早的哺乳动物之一。与爬行动物前辈相比,它们拥有分化的牙齿和脑容量更大的大脑。摩根齿兽的存在标志着哺乳动物进化的关键阶段,展示了从爬行动物到真正哺乳动物的过渡。

你现在可能已经非常兴奋地期待玛利亚最终祖先的样子,但是还有很长的路要走。在大约 3 亿年前,你会遇到早期的羊膜动物,比如林蜥(*Hylonomus*)。这些小型蜥蜴状动物是最早在陆地上产卵的脊椎动物之一,这个重要的进化步骤使它们能够更独立于水生环境。真是不可思议，玛利亚竟然是这些生物的后代，但事实确实如此。

回溯到大约 4 亿年前，你会遇到提塔利克鱼（*Tiktaalik*）这样的早期脊椎动物，这是一种具有从水生到陆生过渡特征的鱼类。提塔利克鱼既有鳃又有原始的肺，以及类似四肢的鳍，这使它能够在浅水中移动，甚至可能冒险登上陆地。玛利亚今天能够呼吸，是因为提塔利克鱼在数百万年前学会了在陆地呼吸。

继续行程，回溯到大约 5 亿年前，你会遇到皮卡鱼（*Pikaia*）这样的早期脊索动物，这是一种小型蠕虫状生物。这种脊索动物是所有脊椎动物的最早祖先之一。实在令人难以置信，玛利亚竟是一只蠕虫的后代！

继续往前走到 40 亿~35 亿年前，你才会遇到卢卡（LUCA，即"最后的普遍共同祖先"），它是我们最早的共同祖先，也是玛利亚的祖先。这位单细胞先驱携带着后续生命的种子，在原始海洋中游弋徜徉。科学家在卢卡中找到了将所有地球生命联系在一起的基本过程。但是，我们找到玛利亚的最终起源了吗？

并没有，故事甚至开始得更早。在卢卡之前就有一些简单的，几乎不能被称作生命的原始结构。这些最初的生命形式能够生长，对环境做出反应，维持内部平衡，甚至繁殖。它们是生命树上的第一批分支，所有生命，包括玛利亚，都是从这些分支进化而来的。

然而，它们仍然不是玛利亚的最初祖先，因为玛利亚事实上是来自黑暗深处的生命原始汤的后代。

真正的开始

几个世纪以来，解开地球上生命起源的谜团一直吸引着科学家们探索。如果生命的第一个火花是在地球形成后不久被点燃的，那它诞生于充满热量和不可控制的混乱中。地球当时无比炽热，陆地上的平均温度在 60~90 摄氏度。这个时代称为冥古宙（Haeden Eon），得名于希腊冥界之神。空气中充满了蒸汽，整个星球可以被描述为一个巨大的蒸汽桑拿房。即使是极地也热得令人难以忍受（以人类的标准衡量）。此时还没有冰盖来反射太阳光线。这种极端的热量是由温室气体、地球内部的放射性热量、行星形成的余热以及无数火山喷发共同造成的。

此时海洋的温度在 50~70 摄氏度。假如你现在穿着一套能抵御极端高温的潜水服，潜入深海，远离阳光的照射。在绝对的黑暗中，只有你的潜水灯在发亮。你遇到海底的一个裂缝，超热的水汹涌喷出，这是一个热液喷口（hydrothermal vent）。喷口耸立在你面前，可能有 10 米高，而矿物质云团从中涌出，形成一种"化学汤"。

这样的喷口是惊人的生物反应器，无法用肉眼观看。它存在着大量氢气、甲烷和氨等简单分子，周围的黏土中充满了铁和镍的硫化物。最重要的是，这个喷口是一个天然的电池。热泉水和较冷海水之间的酸度差异产生了质子流（proton flow），成为可以驱动复杂过程的能量来源。

第一批原始生物已经开始利用这种能量。质子流通过它们的生物膜，将原材料转化为构建模块并复制自己的生命体。因此，这个喷口可以说是催化剂，使化学到生物的飞跃成为可能，这就是生命的真正源泉。在此过程中，核酶（ribozymes）进化成了核糖核酸（RNA）。RNA 主要是一种信息载体，参与基因表达和调控，而核酶是 RNA 的一个专门子集，可以像蛋白质酶（protein enzymes）一样催化化学反应。

真正令人着迷的事情现在发生了：热量驱动化学反应，较冷的时期则给 RNA 链时间修复损伤。

"修复？"你可能会问，"就像自我修复一样？"是的，正是如此！RNA 分子具有一种非凡的自我修复能力，这种能力超越了它们看似简单的结构。它们是自然界小小的魔术师，不断适应并克服在这个动态环境中遇到的挑战。

RNA 很神奇。首先，这些化学链就像一条条代码。RNA 形成事件就像一台计算机随机生成代码。这种现象本身就令人震撼！

其次，RNA 可以进行此前宇宙只能在晶体中实现的事：自我复制。这种复制能力是生命存在的关键。正因为 RNA 可以自我复制，它也可以自我修复。

再次，RNA 可以创造蛋白质，即氨基酸链。与 RNA 不同，蛋白质可以折叠成几乎无限多样的形状，并像小小的化学物理机器人一样有着惊人的功能。我们稍后会继续讲到它们。

最后，RNA 创造的一些蛋白质可以制造 DNA。DNA 是一种携带生命遗传指令的分子，也是生命代码的完美存储单元，因为它比 RNA 稳定得多。它具有双面备份，如果一侧受损，另一侧可以修复。

由此，我们现在有了复制者，它们既有备份记忆技巧，又可以像小型机器人自动制造。这是最终创造玛利亚的道路上一个非常早期的步骤。

复杂性级联 #4
- 事件：活细胞的形成
- 时间：未知，但它们最早在地球上出现于 38 亿~35 亿年前
- 原因：热液喷口创造了所有必要成分的临界密度

蛋白质的奇妙世界

玛利亚身体的 15%~20% 是由蛋白质构成的。它们不仅仅是

填充物，事实上体内几乎所有聪明的部分都是由蛋白质制造或调节的。把蛋白质分子想象成具有超能力的小型纳米机器，它们从构建玛利亚的肌肉到对抗感染或为心脏泵血，无所不能。

一些蛋白质就像送货司机，通过细胞运输必需的分子。这些驱动蛋白（kinesin）有小脚和一个头部，它们携带货物沿着细胞内的"高速公路"行走。其他蛋白质则像厨房里的主厨，加速进行无数维持生命的化学反应。这些酶以惊人的速度和精确度切割、切片和重新排列分子。

每种蛋白质都折叠成独特的三维（3D）结构，就像盘子里的意大利肉酱面。"面条"的形状起着至关重要的作用。例如，一些蛋白质折叠形成口袋，精确地适配特定分子，使它们能够相互作用并触发反应。其他蛋白质则形成长纤维，赋予身体结构并帮助其运动。

蛋白质并不能完全靠自己制造，它们需要一个指导计划。这个计划存在于 DNA 中，DNA 包含蛋白质的配方并将其传递给 RNA，然后 RNA 确保蛋白质的产生。

尽管 RNA、DNA 和蛋白质的组合对我们所知的生命至关重要，但玛利亚最早的祖先并不是其中之一，而是更基本的东西——生命"原始汤"。在原始汤中，核酶发挥着核心作用。

核酶，像是分子世界中的瑞士军刀，是生命起源故事中的关键角色。想象在早期这个原始的化学汤中，核酶形成了一个自我维持的网络——一个微观生态系统。在这个系统中，一个核酶创造另一个核酶，后者又帮助创造第三个核酶，如此循环往复，形成一个自我复制的连续循环。这个原始系统已具备生命四大基本属性中的三个：生长、繁殖、维持内部平衡。所有这些过程都不需要 DNA 或细胞膜。尽管这种自我复制的原始汤还不完全是"生命"，但它已经非常接近生命了。

热液喷口制造这样的原始汤，它们在黏土和岩石的多孔口袋中慢慢炖煮。在这种相互连接的网络中，不同的核酶（图 4-1）催化彼此的形成，称为自催化集合（autocatalytic set）。这就是玛利亚的起源。

图 4-1 热液喷口中的核酶

这些核酶能够相互复制。此图为渲染图。

5

我们是外星人吗?

有个令人兴奋的理论提出,生命可能起源于其他地方,通过彗星或小行星"搭车"来到地球。最近太空中被发现的氨基酸表明,宇宙中充满了生命的构建模块。这一理论或许能解释地球早期生命形式的复杂性。难道我们是宇宙旅行者的后代吗?

在分子可以创造的无数结构中,气泡是最迷人的结构之一。我们容易在日常生活中忽略它们,但想一想:岩石晶体可能需要数百万年才能形成,雪花需要几分钟,而气泡却能在几毫秒内诞生。在极短的时间内,数万亿个水分子将自己组织成一层薄膜。尽管气泡转瞬即逝,但它们展现出惊人的强度和韧性。它们能承受微风,能在物体表面欢快地弹跳,甚至可以合并或分裂成迷人的图案。

它们是如何做到的?我们想象分子这个小生物有两个部分:头部和尾部。尾部是一条柔韧的碳原子链,与氢原子结合,像油一样排斥水。相对于头部,尾部更喜欢保持干燥;而头部则像一块亲水的磁铁,这是因为有个特殊的磷原子急切地要溶入周围的液体。肥皂泡的工作原理就是如此:尾部喜欢脂肪和其他分子的尾部,头部喜欢水和其他分子的头部。由此尾部与尾部相邻,头部与头部相邻,通过这种方式,气泡形成。

我们通常在空气和液体的界面上看到气泡,但其实也可以在水下看到它们。这些气泡聚集成称为胶束(micelle)的小球形簇,把尾部藏在内部,头部朝外,形成稳定的乳液形态。

气泡现象也是生命起源的关键点之一。在热液喷口附近的湍急水流中，胶束经常碰撞。一些胶束合并，并转化为双层气泡，就像微型水气球，其中每个都包裹着一小滴水。这样的双层结构就是细胞膜的前身，能够随机捕获一些自我复制分子的遗传汤（genetic soup），为生命最早的化学反应提供安全的避风港。在这保护性外壳内，细胞生命的种子开始发芽。我们正在见证原始细胞（图5-1）的诞生，它是通往我们所知生命的关键一步。而这一切，都始于一个气泡。

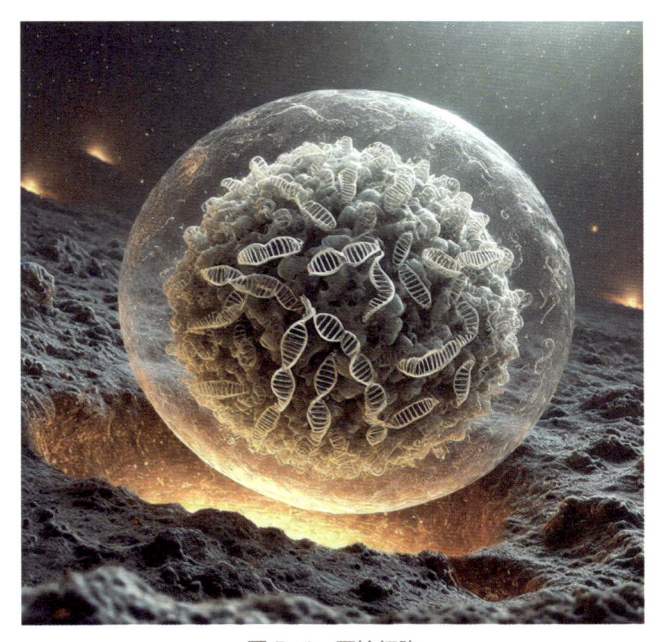

图5-1　原始细胞

这是由自我复制的核酶汤随机包裹在胶束中形成的。此图为渲染图。

从原始细胞到生命

一些原子和分子可以穿越原始细胞的膜，另一些则不能。随着时间的推移，膜会进化和分化。它们的脂质层变得更加复杂，内部的化学反应也更加精密，于是形成了内部具有相当复杂的自我复制内容的细胞。

这是不是听起来有点像活细胞了？这些气泡中慢慢地会出现 RNA、DNA 和蛋白质。然而，我们所知道的生命远非一个气泡里塞进一些生化复制器（biochemical replicators）、纳米机器人（nanorobots）和记忆棒（memory sticks）。按我们的定义，生命必须具备以下 4 种基本能力：（1）生长；（2）对环境做出反应；（3）维持内部平衡；（4）繁殖。以上能力的建构需要哪些基础条件？首先 DNA 包含了生命的代码，但这些代码必须有用。DNA 作为每个细胞中的记忆芯片，使用 4 种不同类型的分子序列来编写生命的配方。每 3 个分子组成一个"单词"，称为密码子（codon）。一系列密码子共同构成了制造蛋白质的配方，称为基因（gene），而所有基因的总和就是我们的基因组（genome）。你的细胞知道如何读取这些配方，并从中制造出蛋白质。

一个单一的活细胞可以有多简单？你需要核酶来创建一个具有原始基因组和细胞壁但没有 DNA 的活细胞。对应需要实现的活细胞的基本功能，以下是估计所需的核酶数量：

● 自我复制：1~2 个核酶	● 对环境刺激做出反应：1~2 个核酶
● 复制：1~2 个核酶	● 脂质合成：1~2 个核酶
● 修复：1~2 个核酶	● 脂质运输：1~2 个核酶
● 重组：1~2 个核酶	● 脂质组装：1~2 个核酶
● 代谢：2~3 个核酶	● 膜维护：1~2 个核酶
● 稳态：1~2 个核酶	

由此可见，即使是基于细胞的最简单生命，也可能需要11~23 个基本功能。根据我们对典型细胞调控的理解，每个功能可能会触发一系列衍生反应，而每个反应涉及大约 10 个核酶"工作者"，因此总共需要 120~230 个基因。

这种超级简单的生命需要多少种不同的原子？事实上只需要氢、碳、氮、磷、氧和硫。这些原子都相对简单，氢早已存在，其他原子则迅速由第一批恒星创造。元素的重量越大，形成它所需的核聚变步骤就越多。

当然这个数字只是估算，然而科学不断取得有趣的进展。2016年，克雷格·文特尔研究所（J. Craig Venter Institute）的研究人员取得了一项非凡的成就：他们创造了一种只有 473 个基因的合成细菌，这是已知任何生物中最小的基因组。尽管这仍然是我们假设的最小基因组的 2 倍多，但它支持了早期生命形式可能非常简单的观点。

还记得生活在 40 亿 ~35 亿年前的玛利亚的古老祖先卢卡吗？我们没有卢卡的物理痕迹，但通过比较 DNA，科学家发现所有生命形式都共享一些基本基因和分子结构。这意味着卢卡可能拥有相同的基本组成部分。把这些知识汇总，根据 2024 年一项被广泛引用的研究，卢卡的基因组可能至少有 250 万个碱基对，编码约 2 600 种蛋白质。

时间问题

这个关于演化历程的假说面临着一个关键挑战。从蠕虫、鱼类到人类等哺乳动物，生命基因组中的信息量约每 3.5 亿年就会翻一番。按此速率回溯倒推，基因组中的信息量每倒退 3.5 亿年就会减半。如此一来，就会产生一个问题：地球历史太短了，似乎远不足以追溯到卢卡最初的祖先，那个仅包含 120~230 个基因的自我复制核酶汤。

据此计算，生命起源需要约 95 亿年时间，而地球年龄尚不足此数值的一半（图 5-2）。这个矛盾该如何解释？

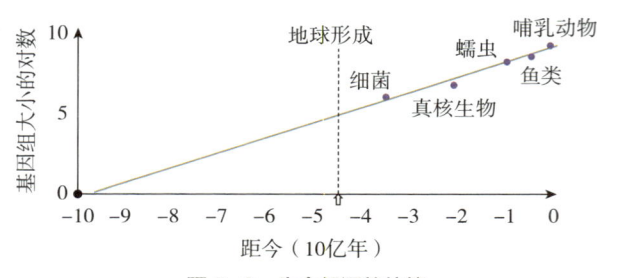

图 5-2　生命起源的估算

这张图的纵轴显示基因组大小的对数，横轴显示时间的对数。该图表明，我们这种形式的生命起源大约出现在 95 亿年前。这大约是地球存在时间的 2 倍。

泛种论

你可能听说过"适居带"或"金发姑娘带"（Goldilocks zone）：这是恒星周围的一个完美区域，条件恰到好处，适合液态水以及潜在的生命存在。地球幸运地正好位于太阳的适居中心。这种地带至关重要，因为如果一颗行星离恒星太近，它的水会蒸发；如果离得太远，水会冻结成冰。事实上，远离恒星的深空温度接近绝对零度，人类在那里会冻成冰柱。

有趣的是，许多科学家认为，整个宇宙本身可能也经历了一个类似的适居时代或"金发姑娘时代"。当时宇宙各处的条件都恰到好处，适合复杂性的产生。为什么科学家们会如此认为？如我们之前讨论，大爆炸后的宇宙是一个极热的熔炉，随后迅速膨胀并冷却。在冷却阶段，宇宙各处的温度低到足以允许液态水存在。这段绝佳时期通常被称为"金发姑娘时代"，在大爆炸后持续了 1 000 万 ~3 000 万年。在宇宙中气体浓度较高的区域，这一阶段可能持续得更久。

韦布空间望远镜的最新观测揭示，像"红色怪物"（Red Monsters）这样的巨大星系在大爆炸后仅 10 亿年就已经存在。该望远镜的观测还向我们展示了迄今为止已知的最早星系 JADES-GS-z14-0，它形成于大爆炸后仅 2.9 亿年。这些观测表明恒星和行星的形成速度非常快，也可能意味着生命很早就出现了。由于宇宙中某些区域的"金发姑娘"条件，生命也有很好的机会传播开来。这种可能性是所谓的泛种论假设之一。

有趣的是，该理论不仅适用于存在水的行星，也适用于较小的天体。在早期密度更高的宇宙中，行星、卫星、彗星、陨石、小行星和较小的岩石之间的碰撞频率远高于现在。如果生命在一个或多个地方出现，由于早期宇宙相对温和的温度，这些简单的生命形式很可能搭上这些"流浪者"的便车，在年轻的宇宙中广泛传播。它们同样也可能被恒星产生的宇宙风吹散到太空中。

泛种这个词来自希腊语"pan"（意为"所有"）和"sperma"（意为"种子"）。以上所述就是泛种论的核心思想。这类理论的共同点是探索生命或其构建模块在宇宙中传播的各种机制。这些机制包括岩石泛种论（通过陨石传播）、辐射泛种论（通过辐射压力传播）和定向泛种论（由高级文明有意播种）。其他相关理论如宇宙泛种论提出生命的前体在太空中形成，死亡泛种论则认为只有生命的残余被散布。

这些理论并不相互排斥，可能共同解释了生命或其前体如何在行星和恒星系统之间散布。一种常见的观点认为，生命可能在宇宙早期就已经广泛存在，甚至超过 130 亿年；但只有在到适居区时才会蓬勃发展，因为那里的条件恰好适合繁殖。

那么，生命是否非常普遍？有些迹象支持"生命普遍存在"猜测。2020 年，科学家宣布在金星大气中检测到磷化氢气体，这是一种潜在生物标志物，但是这一发现仍在争论中。在火星上，"毅力"号探测器在探索杰泽罗陨石坑（Jezero Crater）的一个古老河床时发现了沉积岩和有机分子，表明过去可能存在生命。科学家们还认为，他们可能已经在距离地球仅100光年的星云中发现了色氨酸（tryptophan）——一种必需氨基酸，也是生命的构建模块之一。最近，从来自太阳系中的两颗小行星的样本中，科学家们发现了氨基酸，甚至还有尿嘧啶（uracil）——RNA的碱基之一。因为大多数撞击地球的小行星会坠向太阳，而不会在更远的轨道上存在数百万年，所以这些小行星不大可能来自地球。该发现加上之前在星云中发现其他有机分子表明，宇宙可能充满了生命的化学前体，甚至可能是等待被激活的休眠的生命形式。

更近期的2025年1月，科学报告称在美国国家航空航天局OSIRIS-REx任务收集的小行星Bennu（贝努）样本中发现了关键的有机化合物。它们包含了地球上的生命用于制造蛋白质的20种氨基酸中的14种，以及构成DNA和RNA的所有5种核碱基（nucleobases）。

这里适合插播一个关于氨基酸的小故事。1952年，在热液喷口作为生物反应器的理论被世人广泛接受之前，化学家斯坦利·米勒和他的导师兼诺贝尔奖得主哈罗德·尤里进行了一项开创性实验。他们构建一个密封的玻璃容器，填充他们认为代表地球原始大气的气体：甲烷、氨、氢和水蒸气。为了模拟闪电，他们加入电火花。几天后他们注意到容器中出现了一种棕色的物质。这是什么？是氨基酸，蛋白质的构建模块！这一革命性的发现证明生命的基本成分可以在类似于早期地球的条件下由简单化学物质形成。而这一切只花了一周时间！

极端微生物的发现进一步支持泛种论。这些微生物能在核反应堆的强辐射或太空极端干燥的环境中存活，栖息在最严酷的环境中。地球深达4千米、体积2倍于所有海洋总和的深层生物圈，充满了这类生物。这类深层生物圈可能并非地球独有，其他行星和卫星或许也存在类似的生态系统，拓展了生命的可能性。

这类生命形式完全有可能在大爆炸后持续 2 000 万~1 亿年的适居期内诞生，随后依附于小行星或彗星，最终在更晚时期抵达地球。这或许能解释为何最后一个共同祖先卢卡在其所处时代显得如此复杂而顽强。这一理论尚未得到证实，但是如果它成立，那我们都是外星生命的后裔。

6

进化的笔触

生命的密码 DNA 如何塑造地球上千姿百态的生物，又如何以恢宏手笔雕刻整颗星球的容颜？从重塑大气层、雕琢大陆，到为山川万物泼墨敷彩，生命密码的印记无处不在。本章将见证这个非凡分子如何铸就我们栖居的世界，以造物的匠心，在头顶的苍穹与脚下的流沙之间，挥洒出永恒的艺术诗篇。

玛利亚的大脑是她头颅中那团灰色柔软的物质。某种程度上，她体内的每个活细胞也拥有"大脑"，当然是一种不同的大脑，但仍然是每个细胞的智能形式。

单细胞生命也是如此。以普通的酿酒酵母为例。它是一种单细胞真菌，几千年来一直帮助我们制作面包、啤酒和葡萄酒，让人们倍感愉悦。它是如何实现这些功能的呢？事实上它极其复杂。图6-1展示其内部活动。每个点代表一种蛋白质，线条显示这些蛋白质如何相互作用和调节彼此。信息通过这个网络流动，并不断引发大量活动。

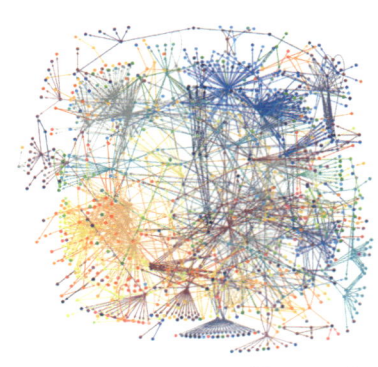

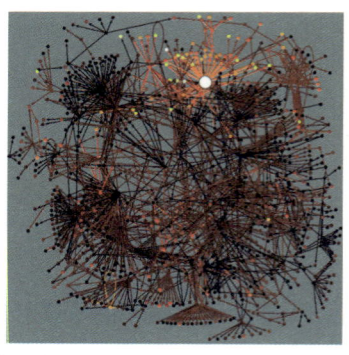

图6-1 酵母的调控网络

左图按功能着色，右图较暗的版本显示了细胞暴露于热休克时发生的活动（较浅的颜色表示活动）。每个功能处的"扇形"图案代表孤立的级联效应。

这种复杂性使酵母细胞能够智能地对环境做出反应。首先，它们的表面有一种特殊的蛋白质，称为受体。受体从外部接收信号并将其发送到基因网络，基因随后解读信号的含义并决定如何处理它们。例如当它们感知到糖时，会激活"进食模式"；如果温度过高，它们会开启"热保护模式"等等。

整个系统被组织成一个极智能的层级结构。顶层的"控制基因"负责做出重大决策，然后指示"指挥基因"，后者再指导"工作酶"执行任务。因此，每个细胞都会做出决策并采取行动以维持生存和健康。是的，我们确实正在谈论细胞智能，也就是由宇宙自发创造的智能。

• • •

解决体系崩溃问题

在约 30 亿年的时间里，所有这些聪明的小细胞都是独居者，并且它们面临一个问题：组织体系崩溃。单个细胞内部的复杂性存在一个上限，如果超过这个上限，其内部协调就会陷入混乱。这种组织体系问题意味着，虽然不同类型的单细胞生物不断出现和消失，但单细胞复杂性的新纪录却不再被打破。换言之，它们撞上了第 4 个规模屏障。

早期的真核生物，即具有细胞核和细胞器的生物，通过将其内部功能分离成小的分隔的单元或细胞器，找到了解决协助问题的方法：这种内部组织管理每个细胞的复杂性，通过组合多种不同功能达到更高效的方式。这个非常关键的发展推动了新的进化阶段，特化细胞开始作为更庞大生物体中的组成部分协同运作。

到大约 9 亿年前，细菌随机偶然地变得有黏性，以使它们的后代能够附着在一起。这种黏性逐渐演化成保护性的生物膜。生物膜为细菌提供了"临界密度"，其中外层的细菌开始特化，执行不同于内部细菌的任务。

复杂性级联 #5
- 事件：细胞器和多细胞生命形成
- 时间：20 亿～15 亿年前，细胞器在单细胞生物中出现，大约 9 亿年前进化出第一批多细胞生物
- 原因：为解决组织体系崩溃问题

临界密度为特化铺平了道路。一些细菌专注于吸收营养，另一些则负责清除废物。这种合作是原始多细胞动态的初期形式——不同类型的细胞为共同生存而协同工作。这种单细胞和多细胞生命混杂形态有个迷人的例子：枯草杆菌（*Bacillus subtilis*）。它是一种土壤细菌，上千细胞在压力下（比如缺乏营养时）形成能够无性繁殖的"子实体"（fruiting body）。细胞在

子实体内部特化：一些细胞分化形成茎，将子实体抬起；另一些则变成孢子，保障在极端条件下生存。子实体让我们瞥见可能导致多细胞生命的进化过程。但细菌止步于此，它们在数十亿年的时间里困于这种单细胞状态或者一种中间状态；而真核生物迈出决定性的一步，走向了真正的多细胞生命。

与宇宙中最初的物质聚集相比，多细胞生命在某种程度上像生物宇宙中的恒星，是向更大的复杂性和秩序过渡。细菌的临界密度创造新的可能性，就像宇宙中的物质聚集创造新的核聚变和原子一样。资源和能量在这两种情况下集中，为实现新的、更复杂的存在形式奠定了基础。

DNA随后不断变化以优化这些新的合作机会。事实上，细胞适应得如此彻底，以至于它们无法再独立生存。它们甚至通过基因水平转移（horizontal gene transfer）的过程互相窃取遗传配方，就像通过接触直接共享DNA，甚至通过病毒传递DNA。

另一种细胞组合的方式是随机制造和保留额外的基因副本，由此让这些复制品发展出新的功能。这种现象相当于在工厂中开设一个研发实验室。这种现象在从简单的细菌到复杂的生物中均有发生。

在20亿~15亿年前，一个关键事件发生了：某些细胞与其他细胞合并，整合出了称为线粒体的特化结构。这些线粒体高效地提取能量，使新生命形成、生长并进化为更复杂的生物。这种能量盈余使生物能够发展出特化的结构和功能，增强了它们与环境带有目的性的互动能力。

高复杂性智能生命

我们来思考一下眼睛的进化之路。许多动物的皮肤中含有黑色素，这种色素吸收有害紫外线（UV）辐射，保护皮肤细胞免受损伤。这种保护机制在皮肤细胞内运作，不涉及神经元。皮肤神经元对触摸、压力、热量和运动等刺激做出反应。这种组合使皮肤具备了发展光感应器官的条件。以下是眼睛进化的一个可能序列，每个阶段在今天的某些动物中仍然可见。

1. 简单的光检测：动物表面的一个小凹陷可以检测光和阴影。你可以用一个鞋盒制作一个针孔相机来模拟这一点，光线通过一个小孔进入并在内部投射图像。

2. 改进成像：随着凹陷加深且开口变窄，它可以产生清晰一些但仍显模糊的图像。

3. 晶状体形成：开口填充了一种透明物质，如原始晶状体。这可能起源于为其他目的而分泌的蛋白质，例如与热反应有关的蛋白质。

4. 虹膜发育：类似于引起鸡皮疙瘩的肌肉进化出控制开口大

小的能力，形成基本的虹膜。

通过这些步骤，一个简单的眼睛从现有的皮肤结构中诞生。因为神经元已经存在于皮肤中，进化可以塑造这些凹陷并重新利用基因。因此，皮肤和神经元先于眼睛的发展。眼睛的涌现将生物转变为我们可以称为"主体"或"智能体"（agent）的存在，感知和响应视觉信息增强了生物在环境中导航和生存的能力。在这个语境中，智能体指的是能够感知周围环境并采取行动以影响自身状态或环境的实体。这一发展标志着向"智能生命"的重大转变，其中生物主动参与并适应其周围环境。

单细胞生物如何成为会移动实体是另一个复杂的智能生命出现的例子。比如细菌鞭毛（bacterial flagellum），这是一种类似尾巴的螺旋桨。嵌入细胞膜中的马达旋转这个螺旋桨，使细菌能够移动。细菌感知到接近食物时会向食物移动。如果远离食物，它会反转马达，进行翻滚以寻找新的方向。鞭毛的马达类似于细菌用于跨膜（membranes）泵送离子（ions）的蛋白质复合物。螺旋桨的细丝由类似于其他毛发状结构的蛋白质组成，帮助细菌附着在表面上。连接马达和细丝的钩子似乎也是从构建其他细胞结构的蛋白质中适应过来的。这种对现有部分的高效再利用使得细菌发展出有效的游泳机制。鞭毛的发展使细菌能够作为主体主动寻找有利的环境和资源，从而增加其生存机会。

大约 12 亿年前，植物中发生了一种有趣的细胞特化。当时蓝细菌已经学会利用阳光进行光合作用，本质上就是创造生物太阳能板，将阳光转化为化学能来生产自己的食物。植物吸收了这些蓝细菌进行协同合作，因此植物能够进行光合作用，利用太阳的能量生产食物和氧气。这一发展将植物转变为能够生产自身能量的主体，从根本上改变了它们在生态系统中的角色，从而支持更复杂的生命形式（图 6-2）。

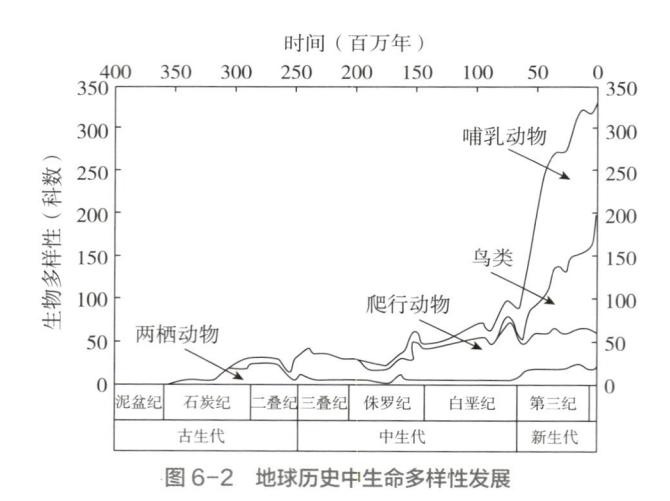

图 6-2 地球历史中生命多样性发展

尽管自然灾害引发了多次大规模生物灭绝，但生命不仅幸存下来，而且在数十亿年中日益增加，多样性蓬勃发展。

DNA 如何冷却地球

DNA 的出现对地球气候产生了巨大影响。在光合作用中，植物将二氧化碳（CO_2）转化为葡萄糖，使大气中的 CO_2 浓度降低了 99.8%。CO_2 是重要的温室气体，其减少显著降低了地球的温度。

在"大氧化事件"（Great Oxidation Event）期间（约 24 亿年前开始），进行光合作用的蓝细菌向大气中释放了大量氧气。这些氧气与甲烷发生反应。甲烷是一种强效温室气体，其增温效应是 CO_2 的 84~87 倍。在这些氧气释放前，甲烷在大气中占比约 78%。氧气与甲烷的反应显著降低了大气中的甲烷水平，导致地球进一步急剧降温。这种大气组成的巨大变化在表 6-1 中清晰直观。

表 6-1 光合作用如何改变地球大气的组成

气体	光合作用前	现在（光合作用）
甲烷	78%	0.03%
二氧化碳	20%	0.04%
氮气	2%	78%
氧气	微量	21%

注：本表统计采用四舍五入法。

单细胞细菌用了超过 25 亿年才进化成多细胞生物。背后的原因可能有很多：细胞们必须学会合作和分工；它们需要稳定的能量来源和更多的氧气。这些都需要复杂的基因和生化改造工程。第一批多细胞生物大约在 10 亿年前出现，此时地球的平均温度已经降到50摄氏度以下。从那时起，生命和气候就像一对舞伴，彼此影响，相互配合，最终形成我们今天所经历的相对稳定却又充满活力的气候。地球的平均温度在过去500万年里波动了大约15摄氏度，在过去50万年里波动了大约10摄氏度。与早期DNA的创新行为所引发的气候大变换相比，这些变化简直就是小巫见大巫。

基因塑造景观

DNA的影响远不止创造生命和改变气候，它还间接塑造了地球的地貌。比如，它创造了土壤。这是微生物和植物根系慢慢将岩石分解成更小碎片的结果。该过程加上动植物残骸的积累，丰富了土壤，为各种生态系统的繁荣奠定了肥沃的基础。这就是为什么现在地球拥有富饶、滋养生命的土壤，而月球或火星却只有荒芜的地表。

在海洋中，美丽的珊瑚礁是DNA改造力量的又一见证。令人惊叹的珊瑚礁水下生态系统高高耸立，从海底到水面能超过1千米。珊瑚礁的存在归功于珊瑚虫，而珊瑚虫的存在归功于DNA，因此DNA的指纹深深地刻在我们星球的景观中。

DNA的遗传密码还做了更多其他的事情。在它出现之前，地球可能看起来相当单调。那时充满甲烷的天空是朦胧橙，海洋是浑浊绿。由于产氧生物的出现，天空变幻成充满活力的蓝色，海洋和湖泊也紧随变色，植物以万花筒般的绿色登场。森林和草原，从明亮的翡翠绿到橄榄绿，都是 DNA 遗传密码的杰作。

这场魔法并未止步于此。许多海滩上洁白的沙粒来自石灰岩——由无数海洋动物的骨骼残骸形成。有些海岸则呈现鲜艳的粉色和红色，是微小蜗牛和软体动物碎壳的见证。这些美丽的沙粒都由动物创造，而动物是 DNA 编码的产物。

DNA 最令人叹为观止的艺术作品，也许是围绕在我们身边的生命本身的视觉多样性。从樱花娇嫩的粉色到孔雀华丽的羽毛，从勿忘我深邃的蓝色到蝴蝶闪亮的翅膀，每一个生物都是生命之美的见证。

DNA 不仅创造了这美丽的一切，还将它们连接成一个巨大的全球生态系统，所有生命与其他一切以及地球本身紧密相连。20 世纪 70 年代，詹姆斯·洛夫洛克和微生物学家林恩·马古利斯合作提出盖娅假说（Gaia hypothesis）。该假说认为地球上的生物与其无机环境相互作用，形成了一个协同和自我调节的复杂系统，帮助维持和延续地球上的生命条件。

举两个有趣的例子：撒哈拉沙漠的尘埃被风吹过大西洋，为亚马孙雨林提供了磷等必需的矿物质，这些矿物质成为森林植被的肥沃滋养；太平洋中藻类产生的气体有助于云的形成，增加了安第斯山脉的降雨量，带来了营养物质的淋溶，而这些营养物质又对藻类的生长至关重要。这就是自然界中复杂的反馈机制。

当玛利亚在克罗地亚的海滩上沐浴晨光时，她不仅会惊叹DNA如何塑造她周围的各种生物，还会惊叹它如何促成温和的气候，塑造她此刻正在享受的景观。天空和大海的蔚蓝，甚至她脚趾间的白沙，都是DNA数十亿年不懈努力的成果。换句话说，地球被遗传代码彻底改变了。事实上，地球已经变成了一台正在自我改造的巨型计算机。

> **复杂性级联 #6**
> - 事件：生物地球化学循环形成，改造地球
> - 时间：过去400万~500万年间逐渐形成
> - 原因：热液喷口将所有必要成分聚集在一起

7

全球计算机

多细胞生命的出现和细胞之间的合作加速了进化,造就了我们所见的惊人多样性。本章探讨地球遗传密码的广度,它包含数万亿个有用的信息单元,并塑造生命。最后,别忘了为你的"酒友"霸王龙干杯!

既然地球变成了一台自发编写遗传代码的计算机，那它到底编写了多少代码？如果我们想找到答案，就不应该只关注 DNA 的数量，而应该关注 DNA 所蕴含的信息量，也就是编码单元。

我们如何来做这件事？这有点复杂，但我们可以先以人类基因组为例来获取一些基本理解。人类基因组由大约 30 亿个碱基对组成，形成了 20 000~25 000 个蛋白质编码的基因。这些基因由启动子区域（20 000~25 000 个）、增强子（200 000~1 000 000 个）及沉默子和绝缘子（总计约 50 000 个）调控。此外，基因组还包含非编码 RNA，包括约 2 600 个微 RNA 和超过 16 000 个长链非编码 RNA，以及外显子（160 000~250 000 个）和内含子（140 000~225 000 个），所有这些都在基因表达中发挥着重要作用。

我们可以合理地将所有这些遗传元素视为编码单元。如果将它们的数量相加，人类基因组中的编码单元有 60 万~160 万个。为简单起见，我们取一个中间值，即 110 万个编码单元。按这个数据估计，DNA 上每个代表信息或意义的单元平均对应 2 700 个碱基对。换句话说，每个编码单元有 2 700 个碱基对。

・・・

爆炸式的复杂性

这只是人类基因组的清单，地球上还有许多其他物种。科学家们估计，大约有 870 万种真核生物，包括动物、植物、真菌以及像藻类和变形虫这样的原生生物。不可否认，人类自上次冰河时代结束以来对生物多样性产生了非常负面的影响，但是这个数字仍然代表历史上生命形式多样性的高峰。这是因为物种形成是单向的：任何一个物种可以分裂成许多新物种，但两个物种永远无法合并成一个。

这 870 万个物种总共包含多少 DNA？我们可能很快就会得到满意的答案。科学家们正在绘制地球上所有生物的完整遗传密码："地球生物基因组计划"（Earth BioGenome Project，EBP）、"达尔文生命树计划"（Darwin Tree of Life Project）、"基因组 10K 计划"（Genome 10K Project，G10K）和 "i5K 计划"（i5K Initiative）等项目都在朝着这个雄心勃勃的目标努力。例如，EBP 的目标是在 2028 年左右完成所有动物、植物、真菌等的 DNA 测序。这将让我们对生物学、生命如何进化以及如何保护濒危物种获得全新的理解。

与此同时，我们可以推测现存真核物种的基因组总共包含约 14 万亿个碱基对。再加上所有曾经存在的物种，这个数字接近惊人的 20 000 万亿。这是多么巨大的数字！如果我们将 20 000 万亿个 DNA 碱基对转换为数字数据，它将占用 5 拍字节（petabytes，PB）的存储空间。为了更直观地理解，1 拍字节等于 100 万吉字节（gigabytes，GB），写成数字是这样的：

5 000 000 000 000 000 字节，或 40 000 000 000 000 000 比特

我们想象把它转换成更熟悉的东西：书籍。一本常见的纯文本图书数字化后其数据大约为 1 兆字节（megabyte，MB），也就是说，5 拍字节相当于大约 50 亿本书。如果我们将这些书放在一个高 2 米、8 层的巨大书架上，它的总长度将绕地球赤道大约一半，即 20 000 千米。

这些粗略的估计让我们对地球上所有现存物种（不包括细菌）的遗传物质总量有了一个大致的概念。这个数字是庞大的。考虑所有曾经存在的细菌菌株，我们还可以加上大约 20 万亿个碱基对——因为它们的起点非常早。

生命的符号语言

让我们将这些信息转化为编码单元。如前所述，在这里的场

景下,一个编码单元通常代表 DNA 中约 2 700 个碱基对的序列。根据之前估计,生命从开始到现在已经创造了 7.4 万亿个编码单元。尽管只有其中 74 亿个符号存在于现存物种中,但这仍然是惊人的数字。

我们再次强调,这些都是非常粗略的估计,但是它们揭示了一个有趣的现象:如前面讨论,宇宙在前 20 分钟内生成了 5 000~6 000 个信息单元。但在接下来的数百万年里,直到恒星出现,几乎没有发生什么变化。然后恒星锻造了其余的自然元素,使信息单元总数增加到 15 000~16 000 个。

接着直到生命在热液喷口中出现并随后爆炸式多样化之前,几乎没有发生什么变化。热液喷口后的爆炸式多样化发展为我们带来了生物圈,其复杂性比之前要高出许多数量级。事实上像大肠杆菌(*E. coli*)这样的单个细菌的复杂性,就可能超过了整个无生命的宇宙。今天地球上的生命包含的复杂性单元估计是无生命宇宙的 100 000 倍。

这甚至是种很大的低估,因为到目前为止,我们只回顾了生命的物种。智人(*Homo sapiens*)是一个物种,但实际上我们有超过 80 亿个体,而且我们并不完全相同。不包括细菌,地球上现存生物的总数量达到了惊人的 5×10^{30}。

当我们考虑到微生物的广阔世界,尤其是细菌时,实际数量可能远远超过这个数字,达到 10^{33} 甚至更多。换句话说,地球上的生命在经历不确定的起源之后，不仅幸存下来，而且发展出令人惊叹的多样化形式。它的韧性如此强大，以至于在太阳使地球变得不适宜居住之前的 10 亿~15 亿年里，生命很可能已经无意中通过小行星撞击或人类太空探索的意外污染，散布到太阳系甚至更远的地方。这甚至可能已经发生了。

与霸王龙共饮一杯！

生命的丰富性不仅仅是个体的随机集合，还是通过数十亿年进化编织而成的巨大互联网络。生命的循环甚至延伸得更远，今天维持我们的资源与数百万年前滋养恐龙的资源是相同的。

想一想这个惊人的事实：你今天喝的水几乎肯定包含数十亿个曾被霸王龙喝过的水分子。那些庞然大物曾经数量众多。在一项结合体重、种群密度、地理分布和物种存在时间的研究中，研究人员使用达穆斯定律（Damuth's Law）将身体质量与种群密度联系起来，计算出在任何时点可以大约有 20 000 只成年霸王龙存在过。这相当于在约 12.7 万代、近 250 万年的时间里，历史上总共存在约 25 亿只霸王龙个体。由于地球的水循环不断重复利用，同样的分子曾经为这些古代巨兽解渴。因此，你每喝一口水都与某些霸王龙产生了联系，而这些霸王龙也是我们周围鸟类的祖先。

这让我们又想到，当我们的星球变成一台计算机时，它创建了一个无限复杂的系统。这个系统不仅在空间上而且在时间上也是完全互联的。

8

文化的 DNA

本章将深入探讨人类新的大脑皮质如何以非凡的信息生成和处理能力成为一台强大的模因制造机器。从简单示意到复杂思想,模因塑造了人类社会,并继续推动其前进,引领我们走向智能的新时代。

果蝇的大脑非常小，大约只有罂粟籽那么大，直径约 0.5 毫米。尽管它体积微小，却包含惊人的复杂网络，由 139 255 个神经元（neurons）组成，控制着果蝇的一切行为，从空中导航到寻找食物、躲避危险、交配等。

我们如何知道它恰好有 139 255 个神经元？我们可以从一个果蝇大脑精确测量到这个数字，并通过三维模型进行详细记录。要获得如此详细的神经图谱是项艰巨的工作。这项测量代表了数十年来研究的巅峰，自 20 世纪 70 年代以来，多个团队为此做出贡献。2024 年，研究人员发表了详细的果蝇大脑三维可视化模型，不仅揭示了 139 255 个神经元，还绘制了约 5 450 万个用于神经元之间交流的节点，即突触连接（synaptic connections）。

这项研究的过程包括将果蝇大脑切成极薄的切片，然后使用 AI 软件仔细追踪每个切片中神经元的复杂路径，最终将它们重新合成一个全面的图谱。切片是用金刚石刀和镓原子束完成的，每片都揭示一个新的层次，并通过电子显微镜记录下来。这数百万张图像由来自全球 146 个实验室的 622 名研究人员在 AI 软件辅助下精心合成。结果如图 8-1

所示。

图 8-1　果蝇大脑中最大的 50 个神经元

果蝇大脑包含约 14 万个神经细胞，这些细胞在大约 5 500 万个连接点相互连接。

　　果蝇体积如此微小，却拥有如此强大而复杂的大脑，这是数十亿年进化的结果。在大脑出现之前，地球上的生命仅限于一个简单的刺激与反应的世界。大约 6 亿年前，第一批神经细胞出现，打开了感知和复杂性的大门。生物现在不仅能反应还能解释，并能从周围环境中学习，就像无声电影突然有了声音。

　　大约 5.2 亿年前，一个关键性的飞跃发生了：第一批原始大脑出现，这些早期大脑是简单的神经细胞集群。作为临界密度，神经细胞密度的增加可赋予全新的信息处理和身体功能协调能力。

　　大脑作为革命性的进化突破，使生物能够更有效地应对环境变化并发展出更复杂的行为模式。当生命从海洋登上陆地，首批四足动物不得不在更为复杂的环境中面临全新挑战。它们需要辨别方位、寻找食物并躲避危险。大脑随之持续进化，记忆能力成为生存关键，爬行动物逐渐发展出记忆与适应环境的能力。

但真正让大脑实现飞跃的是哺乳动物的新皮质（mammalian neocortex）。这种新的大脑结构开启了抽象思维、规划和解决问题的全新层次。新皮质成为真正的游戏规则改变者（而果蝇没有这个结构），为人类意识和人类创造与探索的能力铺平道路。

新大脑皮质到底能做什么？以下是它最显著的 3 个功能。

- 识别相关性：新皮质可以看到不同想法和现象之间的联系。这种能力让我们理解隐喻，比如"他在球场上像一头狮子"，我们不会真的认为他成了一头狮子。这也是为什么我们会将温暖的感觉与幸福联系起来。
- 传播思想：与大脑的其他部分不同，新皮质可以将信号发送到很广远的大脑处。这意味着它可以混合和匹配来自整个大脑的信息，帮助我们创造新的想法。我们可以将一首歌的记忆与挚友的照片结合起来，创造独特的情感体验。这就是为什么记忆通常是不同感官印象和信息的混合体。
- 多任务处理：新皮质可以同时处理数百万个模式，所有这些模式都以复杂的方式相互作用。这使我们能够想象新的场景、思考抽象的想法并解决复杂的问题。

这 3 种超能力使新皮质成为创造力的引擎。不同于位于后脑的小脑在经过几代人中缓慢学习和进化，新皮质允许你在自己人生中甚至接下来的 10 秒内进行闪电般快速的学习。

> **复杂性级联 #7**
> - 事件：意识和探索性智能的形成
> - 时间：过去 5.2 亿年间逐渐形成
> - 原因：大脑中神经细胞的临界密度

· · ·

人类智能爆发

新皮质成为人类的关键进化优势。我们大脑的大小在 80 万～20 万年前翻了一番以上，主要归功于新皮质的增长。什么样的驱动力推动了这样惊人的大脑增长？

想象我们的早期祖先试图在变化的非洲地貌中找到方向，气候波动，干旱的草原和茂密的森林反复变化。这些变化的条件创造了进化中的创造脉动。如何理解？在干旱和草原时期，种群缩小，变得孤立。孤立增加近亲繁殖，将有害和有益的突变集中在较小的群体中。当气候变化，丛林蔓延时，部落再次增长并相互接触。那些发展出更大的大脑和更优越的认知水平等有利特征的群体不断繁衍壮大、繁荣发展起来。其他不具备这些有利特征的群体则被淘汰。这种创造脉动在数百万年中磨炼我们祖先的大脑,最终塑造了我们今天这样的智能生物。

波动的气候还有另一个影响:我们的一些远祖留在树上,但另一些适应了开阔草原的生活,学会了直立行走。直立行走解放了草原人的双手,它们以前用于在树上攀爬,现在可以使用工具。由于进化出拇指,他们非常擅长使用工具。最好的工具使用者生存下来,推动大脑和工具的共同进化。从那时起,人类进化与工具优化升级变得密不可分。这是人类发展相当独特的一个特征。

早期人类还经历了更多变化。在草原时期,雄性很难同时保护多个雌性。由于开阔的视野,个体更容易暴露,而且必须走得更远才能找到足够的食物。这导致一夫一妻制的形成,雄性专注于保护一个雌性和她的孩子。这种社会转变创造了个人奉献的能力,并为更多的合作奠定了基础。孩子们现在可以识别父母双方,从而减少群体内的暴力,增加合作。这使部落之间的随意性暴力减少、合作增加,因为人类不太可能攻击与自己有直接关系的部落。这个模式也反映在近代人类历史中:相邻国的王室通过婚姻来减少战争。由此,人类变得更聪明、更忠诚,也更擅长合作。

在这个过程中，人类物种分成了许多亚种。其中一个亚种后来被称为"思考的人"，或用拉丁语称之为"智人"。这就是我们。

玛利亚的大脑

我们现在回到玛利亚身边，此刻她正在克罗地亚的海边享受清晨。在她的大脑内部，数十亿个神经元在整齐排列的柱状结构中忙碌着。大脑有超过 100 万个这样的柱状结构。

真正的"魔法"发生在这些柱状结构的不同层次中。被称为位置细胞和网格细胞的特化细胞是玛利亚大脑内置的全球定位系统（GPS）。如果玛利亚想从水边走回躺椅，那么她记忆中心的位置细胞会像小标记一样发送信号。这些信号会在她处于某些特定位置时触发，形成虚拟地图，帮助她识别和寻找熟悉的定位。附近的网格细胞则在更抽象的层次上运作。它们创建一个在玛利亚的周围形成六边形网格的心理模式，像一个无形的坐标系统。这个内置的 GPS，负责计算她的位置和移动距离，而不去理会她所在位置的具体细节。位置细胞和网格细胞一起为玛利亚提供周围环境的完整画面，帮助她记住特定地点并理解她在其中的位置。这个系统不仅用于物理空间，还帮助她导航记忆和想法。当玛利亚回想童年事件时，她的大脑使用类似的映射策略，穿越过去的"心理空间"。这就是为什么将单词和主题分配到特定地点的记忆技巧如此有效。

玛利亚大脑皮质的柱状结构通过 6 个层次彼此连接，其中 5 个用于控制信息流，第 6 个作为通信网络确保大脑的所有部分不断与其他部分对话。随着数万亿个突触每秒最多触发 10 次，玛利亚的大脑估计具有每秒 10^{14}（100 万亿）到 10^{17}（10 万万亿）次操作的运算能力。这种巨大的复杂性使得思维、记忆、想象以及无数其他能力成为可能，而这些能力使我们成为人类。

两个主要系统

玛利亚的大脑不仅仅是一个大型思考机器。丹尼尔·卡尼曼在《思考，快与慢》（*Thinking, Fast and Slow*）中描述了大脑工作的两种不同方式："系统 1"是快速、直觉化和自动化的模式，而"系统 2"是缓慢、有意识和分析性的模式。

系统 1 始终开启，基于直觉和过去的经验快速做出判断。这是能让玛利亚对突然的声音做出本能反应或轻松进行日常对话的部分。

系统 2 是玛利亚大脑中缓慢进行深思熟虑的部分。当玛利亚需要集中注意力、解决问题或做出谨慎决定时，系统 2 就会启动。正是这个系统帮助玛利亚解决数学问题或规划周末行程。这两个系统始终相互作用。系统 1 不断向玛利亚提供建议和快速解决方案，系统 2 则负责检查这些想法，有时会介入并提供更符合逻辑的解决方案。

这种思维方式之间的切换，可以解释为什么玛利亚有时会做出让自己事后后悔的冲动选择，比如在晚上点第 7 杯咖啡马天尼（一款鸡尾酒）；有时又相反，比如过度思考穿什么衣服去电影院。这种区别也能解释为什么孤独症患者（可能更依赖系统 2）往往更加内向且行为谨慎。

顺便聊个有趣的事实：大多数人都会经历某种形式的内心独白。这通常表现为一种言语化的意识流，他们在脑海中与自己对话，回忆往事，思考想法或计划行动。研究表明，5%~10% 的人没有这种内心独白的声音，他们的思想可能以视觉图像、抽象概念或感觉的形式表现，而不是伴随着的言语叙述。研究表明，这些人更倾向于内向性格，喜欢正念冥想，关注当下的意识。那些有内心独白的人通常有更强的语言能力，但不一定智商更高。

调整、修剪与预测

尽管玛利亚的大脑只占她体重的约 2%，但它是个真正的能量消耗大户，消耗她身体所需能量的约 20%。新生儿的这个数字更加惊人，他们几乎将 90% 的能量用于支持正在发育的小小的大脑。如果没有线粒体这个细胞中的精巧发电厂，这一切根本不可能实现。

为什么大脑不像肌肉那样进行物理移动，却会消耗如此多的能量？原因在于大脑细胞中不断发生的数万亿次化学反应。一方面，大脑不断传输信号，这需要能量；另一方面，它处于永久的重组状态。每天都有数百万个新的神经元连接形成，尤其在那些快速学习和适应的年轻人的大脑中。

我们来仔细看一下这种重组。想象园丁修剪玫瑰丛，玛利亚的大脑不断被修剪掉薄弱或未使用的连接。有时修剪在几分钟内完毕，以便为新的更强的连接腾出空间。这种修剪过程解释了为什么有些记忆会被牢牢记住、技能被学会，而有些信息则消失了。值得注意的是，一些连接在修剪前只能持续约 90 分钟。

玛利亚使用神经连接的次数越多，连接就会变得越强、越稳固。这一原则解释了为什么重复练习会提高一项技能。反之，很少使用的连接会逐渐减弱甚至完全消失。这种适应性被称为神经可塑性，使大脑能够学习数学、语言、音乐等广泛技能。

当一组连接的神经元并行发送信号时，其联系会得到加强。这些强大的连接在大脑的决策过程中起着至关重要的作用。把它想象成一个投票系统：每一个发出信号的神经元都投出一票，那些连接更强的神经元拥有更多的"投票权"。这种调整过程帮助玛利亚的大脑把来自视觉、听觉、嗅觉和触觉等感官的输入整合成连贯而灵活的对世界的理解。

预测与感知

玛利亚的大脑最迷人的能力之一是创造"不变表征"（invariant representation），即可以从不断变化的输入中提取出核心概念。以她最喜欢的歌曲为例，即使这首歌是用钢琴演奏而非通常由乐队编排的，她也能立即识别它，因为大脑能辨识歌曲中的深层模式，包括旋律、节奏和结构。无论使用什么乐器演奏，这些模式都保持不变。

玛利亚的大脑还不断预测周围的事件。当她聆听一首熟悉的歌曲时，大脑会预测每一个音符。即使听到新音乐，她的大脑几乎也会立即开始预测节奏。这种预测能力增加了音乐的享受，因为它在期望与惊喜之间创造了动态的相互作用。

玛利亚大脑的预测系统塑造了她看待世界的方式。例如，在克罗地亚的某个晚上，如果约翰告诉她，他们即将喝的葡萄酒很贵，那么她的大脑可能会因此预测它好喝。这种预测甚至会改变她对葡萄酒味道的实际感知，而感觉更好。

大脑皮质的每个部分都像小型预测机器，从不同的大脑区域收集信息，对何时激活做出有根据的猜测。这种灵活的猜测帮助她学习新的技能。在导航世界中，她的大脑每分钟不断生成和解释数百甚至数千个符号。大脑在 1 分钟内产生的复杂性甚至可以超过整个早期宇宙的复杂性。

预测是玛利亚感知世界的核心机制。她所看到的是传入的感官数据和其大脑对接下来会发生什么的最佳猜测的混合体。这些预测深深根植于她的系统 1 大脑中，以至于她大多会自动反应，而无须有意识地思考。只有当意外事件发生时，系统 2 才会介入。这时她才会真正有意识地去觉知并从意外中学习。

我们可以通过练习极大增强无意识的预测能力。学习阅读的孩子能从识别单个字母发展到一眼就能理解整个单词。这就是为什么大多数人能够读懂下面这段混乱的文字：

"According to a rsceearch at an Elingsh uinervtisy, it deosn't mttaer in waht oredr the ltteers in awrod are, the olny iprmoatnt tihng is taht the frist and lsat ltteer is at the rghit pclae. The rset can be a toatl mses and you can sitll raed it wouthit a porbelm. Tihs is bcuseae we do not raed ervey lteter by it slef but the wrod as a wlohe."

如果你能读懂这段话，那是因为你的系统 1 大脑在起作用。

模因——文化的基因

现在让我们来讨论所谓的"模因"（meme）。这个词是由著名的进化生物学家理查德·道金斯创造的。他的世界名著《自私的基因》(*The Extended Selfish Gene*，1976)主要讲述竞争中的基因进化，即查尔斯·达尔文著名的"适者生存"背后的遗传学原理。道金斯在书中将基因描述为"自私的复制者"，它们利用生物体来传播和复制自己。这种观点将生命视为一种自发的、类似数学竞争的、基因代码片段之间的竞争。

在该书的后半部分，他引入"模因"概念，并将其描述为文化上的基因对等物。模因是行为和信仰的模式，在各种社会形态中迅速传播，有时势如野火风靡，并不断演变。它们作为社会意义的符号，涉及通过交流和模仿而传播的概念、行为和信仰。与基因类似，模因通常会引发行动。从这个意义上，它们可以被视为一种代码。

基因与模因之间的类比显而易见又极其重要。文化就像由竞争中的模因拼凑而成的拼图，由不同的思想和传统组成，有些比较简单，如一个手势，有些比较复杂，如一种宗教。纸币的使用就是一个强大模因的典例。一张美元钞票只是一张纸，但"人们认为它具有价值储存功能"这种观念，即模因，使我们能够用纸币进行交易。

基因和模因都可以被描述为信息单元，正如基因在残酷的进化游戏中为生存而战一样，模因也在为被记住和传递而战。最成功的模因是那些赢得战斗并成为未来文化一部分的模因。

因此，世界存在一个"适者生存"的模因生态系统。模因在复杂性和智能的长期进化中扮演着重要角色。基因是人类的机器，因为基因创造了人类；但人类是模因的机器，因为人类创造了模因。

一种新的组合级联通过这种方式突破了之前出现的规模屏障。这种新的级联就是模因的级联，它诞生于我们的新大脑皮质，并将人类推向文化和智力进化的未知领域。

在下一章中，我们将深入探讨大脑中创造这个新级联的机制。

9

心智的形成

本章探讨意识和智力的进化,从第一个神经细胞到复杂的人类大脑。本章将揭示情感和道德本能的神奇发展,并探索新皮质如何改变了我们感知世界和与世界互动的方式。

让我们来看看意识。意识是你能够认识到自己，你的思想、情感，以及周围世界的非凡能力。它不仅仅是让你知道自己的存在，也是对存在本身的生动体验，包括它所带来的情感深度。

要真正称某物具有意识，必须具备几个关键要素。首先，自我意识至关重要，这是理解你是一个独立的个体的能力。其次，有意识的头脑会体验到广泛的情绪，从喜悦、悲伤到痛苦、兴奋，这种情绪谱系是意识的一个重要方面。此外，主观性也起着本质的作用，个体独特的视角塑造出其对世界的感知，个体的体验成为独属于自己的体验。最后，感官，也就是视觉、听觉、嗅觉、味觉和触觉的感知帮助个体构建对周围环境的丰富认知。

意识是连接"单纯存在"和"充分活着"的桥梁，是看到日落与体验日落的区别。我们因此才能沉浸在色彩的"交响乐"中，感受到胸中的敬畏，对见证自然之美产生深深的感激之情。意识赋予我们反思存在，并去感受、理解和惊叹周围的世界的能力。

· · ·

意识的调节开关

意识的出现和对探索性知识的追求使世界穿越了第 7 个复杂性级联。在宇宙通往超智能的 10 个突破中,这或许是最令人着迷的那个。想想一群原子和分子变得意识到自己的存在,并开始反思世界。那么,生命是如何发展出这种极为奇异的能力的呢?

生命世界中意识的出现是一个缓慢而复杂的过程,就像光线逐渐照亮房间。它开始于细菌这样的简单生物,在 5.4 亿年前发展出基本的感官。

对意识的需求随着生命的进化而进化。4.43 亿~4.19 亿年前,两栖动物冒险登上陆地,因此需要更高的注意力来适应新环境。3.59 亿~2.99 亿年前,飞行的昆虫开始需要更精确的注意力。鸟类和早期恐龙出现在 2.4 亿~1.45 亿年前,从此发展出早期的简单意识形式。哺乳动物及其复杂的社会群体出现在 6 600 万年前,进一步发展了意识。约 700 万年前,随着我们早期祖先的出现,意识再一次实现巨大飞跃。

数百万年中意识逐渐进化的过程,在人类个体发育中得到完美映射。胎儿最初只是没有神经系统的单细胞。约 25 周时,胎儿大脑开始成形,为意识奠定基础。新生儿带着能对环境做出反应的基础意识降临,但仍需要时间学习整合各种感官印象。婴儿出生后数周至数月,才能识别母亲面容。理解自我作为独立个体存在的能力，要到婴幼儿 18~24 个月才会出现。

尽管我们并不完全理解意识在大脑中是如何运作的，但我们知道它并不仅仅存在于一个地方。一些儿童为了对抗严重癫痫发作，切除了部分大脑，但他们仍然发展出相当正常的个性。还有一些人，他们大脑的两个半球连接被切断，但仍然表现出完整的意识和显著的适应能力。

有意识与无意识生物之间的区别体现在各种心理方面，如表 9-1 所示。

表 9-1 意识的存在如何影响心理特征

特征	无意识生物	有意识生物
本能与智力	仅具备本能	不仅具备本能，还拥有主观智力
道德本能与伦理标准 / 道德能动性	仅具备基本道德本能	具备道德本能、有意识的伦理标准，以及受自由意志支配的道德能动性
情绪与感受	仅具备情绪	既具备感受，也拥有情绪

哪些动物具备意识？程度如何？这些问题并不容易解答。2024 年，包括动物学家在内的一批科学家共同签署了《纽约动物意识宣言》(*New York Declaration on Animal Consciousness*)。宣言指出，越来越多的证据表明，从蜜蜂等昆虫到更高等动物，众多物种都在某种程度上具有意识能力，能够产生主观体验。

苍蝇几乎没有表现出意识的迹象。虽然它会本能地躲避苍蝇拍，但随后可能立即飞回同一个危险的地方。这表明它缺乏我们人类会感受到的恐惧。苍蝇会避开死去的同伴，因为那可能代表潜在的危险，但没有证据表明它们能对死去的同伴表现出同理心。

相比之下，蜜蜂似乎能够感受到乐观、沮丧、顽皮和恐惧。这些特征通常与哺乳动物相关。实验表明，蜜蜂可能会经历类似创伤后应激障碍（PTSD）的症状，能够识别不同的人类面孔，会在睡眠中处理长期记忆，甚至可能做梦。

大象拥有更大的大脑，表现出非常高级的意识迹象。例如，人们观察到它们会用树叶、树枝和土壤覆盖死去大象的尸体。它们还会守护尸体，并表现出悲伤的迹象，比如用鼻子触摸死者的骨头和象牙。

意识对本能和智力的运作方式有着深远的影响。无意识生物依赖本能，也就是它们与生俱来的行为。有意识生物既用到本能又依赖主观智力，使它们能够基于经验学习、计划和适应，同时也能在智力追求中享受心流体验。

道德本能、伦理与行动自由

许多本能随着大脑的进化逐步产生，其中一些可以被称为道德本能。道德本能是支配我们对是非进行感知的天生倾向，它们并非人类独有。从狼、狮子到蚂蚁、鱼，动物依赖本能维持社会凝聚力和生存。这种行为通常被编码在它们的基因中，增加个体成长和集体繁荣的机会。我们喜爱的宠物，如鹦鹉、猫和狗，也表现出道德本能。

较简单的动物的道德行为主要受基因支配，而人类的道德本能则受到个体 DNA 的强烈影响。基于同卵双胞胎的研究揭示了他们在道德推理上的惊人相似性，表明道德具有强大的遗传基础。

社会心理学家乔纳森·海特提出 6 种核心的人类道德本能：关爱与伤害、公平与欺骗、忠诚与背叛、权威与颠覆、尊重与贬低、自由与压迫。海特认为，这些道德本能深深根植于我们的本性中，经过数千年的选择压力而形成。

作为人类，我们拥有一个独特的优势：高级意识。这使我们有能力做出伦理选择，并为自己的行为承担责任。我们的成长环境、社交圈和个人经历都对这些标准和道德指南的形成起到重要作用。

非常有趣的是，动物拥有的道德本能数量似乎与其大脑的大小有关。我们甚至可以推导出大脑重量与道德本能之间的比例关系，如图 9-1 所示。

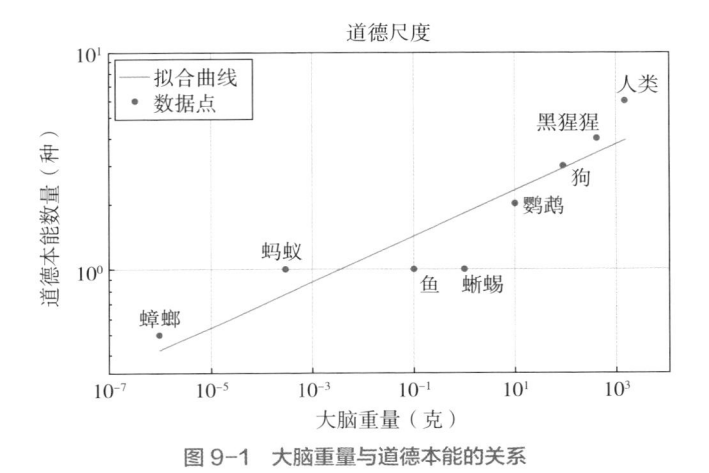

图 9-1 大脑重量与道德本能的关系

如图所示,道德复杂性与大脑的大小大致相关。

具有更发达意识的动物通常也表现出更复杂的社会行为。以猴子为例,它们表现出明显的同理心和合作行为。这表明意识与某种形式的道德理解之间存在联系,意识越强,动物就越能理解和回应他方的需求。这种合作和关怀的能力使动物群体更容易生存,无疑在进化中发挥了重要作用。

需要补充说明的是,社会体系可能对道德与行为的联系产生复杂影响。例如,某些社会模式可能促使个体表现出比原本更好的行为(如环保意识增强),也可能导致更恶劣的倾向(如宗教极端主义思潮的滋生)。

大脑重量、感觉与情感

接下来我们探讨感觉与情感。无论动物是否具有意识，它们都会有感觉。这些感觉涉及在体内传导的化学反应，有时非常迅速且强烈。即使是细菌这样的简单生物，也会对环境产生基本反应，因此说它们具有感觉。

然而感觉并不等同于情感。情感是在我们意识到这些感觉并开始有意识地处理它们时产生的，它为我们的生活和关系增添了色彩，并塑造了我们是谁。想象如果一个朋友从未表现出任何情感，他会像机器人一样毫无生气！

我们身边的猫、狗等宠物展现出人类能够辨识并产生共鸣的情感反应，就连霸王龙等恐龙的远亲——鹦鹉，也表现出丰富的情感，从嬉戏的欢愉到嫉妒的爆发。还有人断言鹦鹉颇具幽默感，这不禁让人联想远古恐龙是否也有搞笑的一面。想象霸王龙互相恶作剧的场景吧！

所有情感反应都有其化学基础。一些化学物质会引发一些生理反应。例如：肾上腺素激增能让心跳加速、掌心冒汗，而催产素则带来温暖舒适的感受。大脑接收到这些身体信号后，会强化相关情绪体验，形成奇妙的身心循环，就像大脑与身体持续对话，彼此影响。

科学家已识别出 54 种人类基本情感，每种都包含生理反应、情感体验与主观感受的交互作用。这些情感构成了每个人终其一生都会经历的"情感谱系"（表9-2）。

表9-2 人类情感列表

积极情感	消极情感	复杂情感
快乐	痛苦	敬畏
轻松	恐惧	期待
共情	压力/焦虑	羡慕
爱	悲伤	妒忌
乐观	责备	骄傲
满足	惊讶	激情
好奇	内疚	愤怒
同情	厌恶	赋权感
感激	无聊	自满
希望	沮丧	困惑
启发	绝望	孤独
欣喜	羞辱	羞耻
接纳	尴尬	
内心平静	不确定	
兴奋	忧愁	
惊奇	疏离感	
自信	无意义感	
自尊		
渴望		
偏好		
奉献		
亲密		
归属		
钦佩		

动物有多少种情感？

鹦鹉能表现出相当多的情感，科学界认为大约有 20 种。狗的情感似乎更多，黑猩猩在这方面则又超过了狗。表 9-3 列出了不同物种（包括人类）已知情感多样性的估计。

表 9-3 不同物种大脑重量与情感数量的相关性

动物	大脑重量（克）	感觉/情感数量（种）
蟑螂	0.000 001	约 5
蚂蚁	0.000 3	约 8
蜜蜂	0.003	10
鱼	0.1	13
章鱼	0.5	17
蜥蜴	1	15
鹦鹉	10	17
狗	85	28
狼	120	19
猕猴	100	15
黑猩猩	400	28
海豚	1 500	17
人类	1 600	55
大象	5 000	31

从根据此表绘制的图 9-2 中，我们可以总结出一个规模定律：情感丰富度随着大脑体积的增大而缓慢提升。但是这个规律并不总成立。以狗为例，它们的大脑体积不大，却表现出异常丰

富的情感,这很可能源于它们长期的驯化过程。人类通过选择性地培育友好和合群等特性,无意中让狗发展出比狼祖先更丰富的情感表达能力。驯化让狗的情感生活变得更加多彩。

人类的情感丰富度同样也远超规模定律的预测。在进化过程中,那些擅长合作、共情和利他行为的个体更容易生存和繁衍,而这些特质往往与积极的情感体验相关。这样的选择压力促使人类发展出复杂多样的情感世界,特别是各种社会和道德情感。

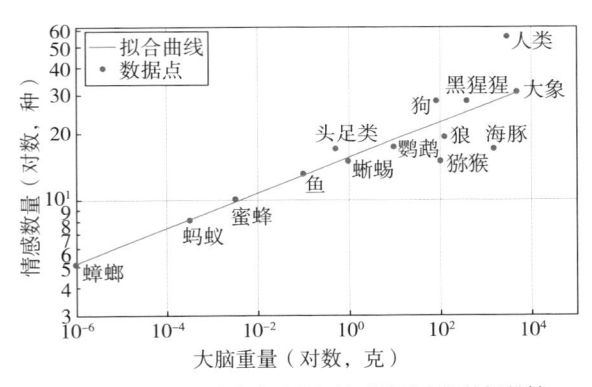

图 9-2 不同物种大脑重量与情感数量之间的相关性

该图展示了情感数量与大脑重量(相对于人类)的比例关系。

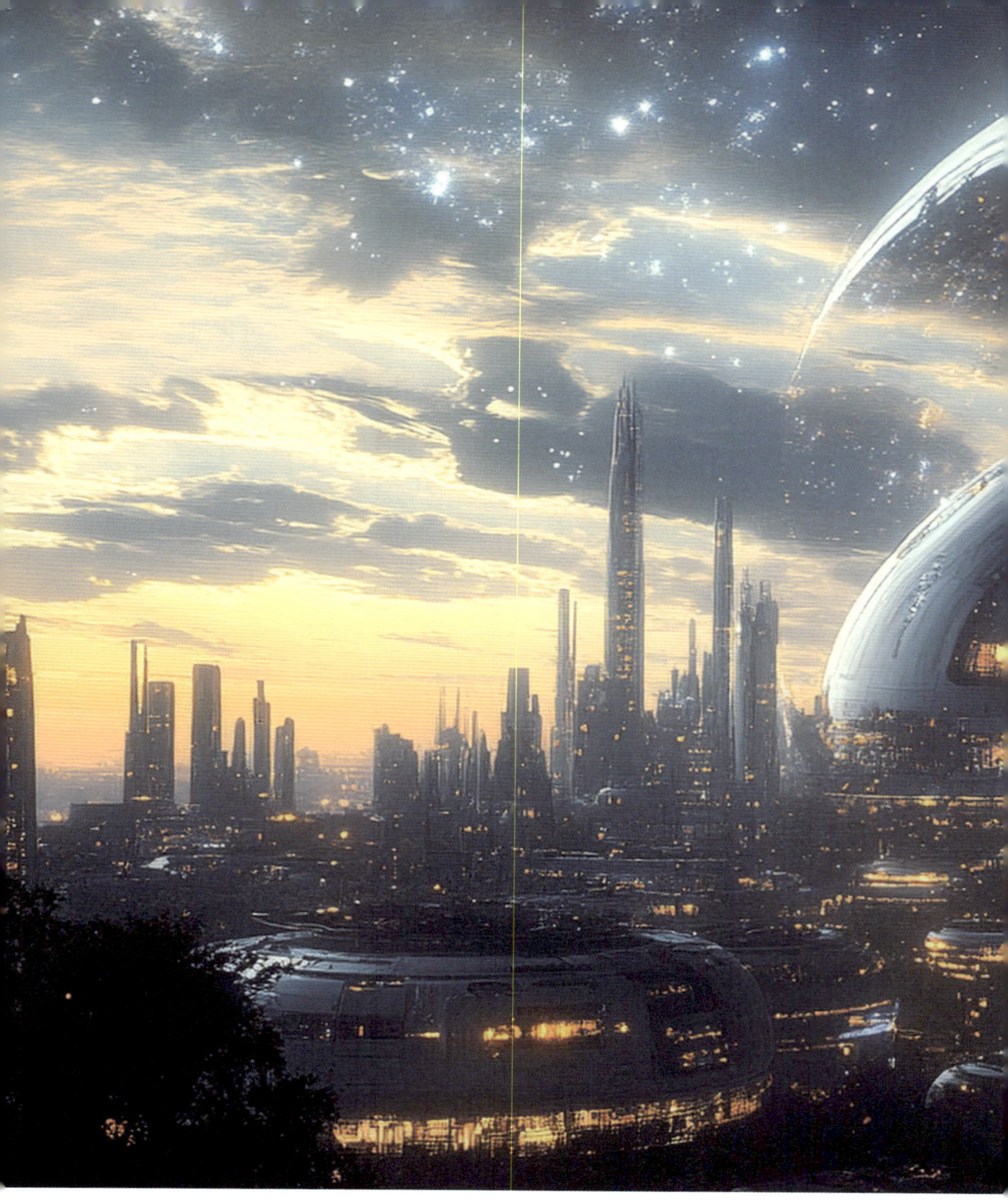

第 3 篇

技术圈

从简陋的石器到高耸入云的摩天大楼，技术圈是人类创新的广阔舞台。它是我们所有创造的总和，代表着我们对进步的不懈追求，体现着我们永不满足的好奇心。然而，它并非一直如此令人赞叹。最初我们只是使用木棍和石头这样的简单工具，在经过漫长的探索和发展后，我们才进入真正的"文明"。我们概述一下技术圈的状况。

- 年龄：相对年轻（相较于宇宙），若从其真正开始腾飞算起，约1.2万年。
- 发展契机：主要源于人类掌握用火技术、发明贸易体系，以及发展出复杂语言。
- 加速时刻：虽偶有天才迸发，但真正突飞猛进始于1450—1500年（谷登堡印刷术与文艺复兴时期）。
- 总重量：惊人的30万亿吨（相当于地球表面每平方米承载约50千克的技术产物）。
- 能源产量：每年高达16.3万太瓦·时（我们正在消耗能源）。
- 产品数量：约10亿种不同的物品（从回形针到书籍再到宇宙飞船，这就是人类的创造力）。

10

代码、协同效应与能源

人类对火的掌控以及贸易的变革力量开创了创新与合作的新时代。本章深入探讨火、贸易、人类独创力和智力发展之间迷人的互动。

"技术"（technology）一词源自希腊语中的"工艺"（craft）和"知识"（knowledge），即利用技能或知识来创造某个事物或完成某项活动。斧头、渔网或轮子都是技术；建筑物也可以被视为技术产物，因为它的设计、建造和材料都涉及技术技能和知识。

有趣的是，最早的技术发明者并非人类。早在约 3.5 亿年前，白蚁这些小生命就开始建造简单的洞穴以供集体居住。随着时间的推移，它们的建筑技能逐渐进化，创造出复杂的土丘和巢穴。这些结构不仅保护它们免受捕食者的侵害，还展示了卓越的工程能力。大约 2 亿年前，蚂蚁也紧随其后，开始自己的建筑创新。早期的巢穴可能很简单，但随着不断进化，它们的建筑变得越来越复杂。

经过数百万年的漫长演化，越来越多的物种开始使用工具并发展出广义上的技术应用。约 2.5 亿年前，蜘蛛开始结网，其织网技术逐渐变得精妙而复杂。约 1.5 亿年前，白蚁已能混合土壤、唾液和粪便，建造可容纳数千个体的高层巢穴。这些建筑不仅规模庞大，还具备通风系统和温控功能等智能设计。

2 000 万~1 500 万年前，切叶蚁与真菌建立了共生关系。它们切割植物叶片，但不直接食用，而是将其作为真菌的肥料，最终以真菌为食，成为动物界的首批"农民"。

约 260 万年前，包括人类祖先在内的灵长类动物开始使用简单工具，例如黑猩猩用树枝钓食白蚁。200 万年前，南美洲的卷尾猴已经会使用石块作为锤子和砧板。约 180 万年前，海獭也掌握了用石头敲开贝类的技能。约 50 万年前，鸟类和哺乳动物开始用羽毛、毛发等天然材料铺垫巢穴，鸟类还懂得用泥土筑巢。表 10-1 展示了地球上最早的技术应用案例。

表 10-1　古代技术里程碑

时间	动物	创新	意义
3.5 亿年前	白蚁	建造复杂的巢穴	早期建筑和社会结构案例
2.5 亿年前	蜘蛛	结网捕捉猎物	新的狩猎策略和栖息地创造能力
4 000 万年前	海豚	使用海绵保护自己觅食	使用工具进行保护和资源获取
2 000 万年前	鹭	使用诱饵捕鱼	战略性使用工具进行狩猎
1 500 万年前	切叶蚁	用树叶培养真菌	早期农业和资源管理
330 万年前	人类（南方古猿）	使用石器	用于刮削和敲击等任务
260 万年前	黑猩猩	使用树枝钓食白蚁	早期使用工具获取食物
200 万年前	卷尾猴	使用石头敲开坚果	复杂工具使用及功能理解
180 万年前	海獭	使用石头敲开贝类	使用工具加工食物
150 万年前	人类	控制火	提供高度可扩展的能源
70 万年前	人类	已知最早的壁炉烹饪	提高食物的营养价值并使其更易消化
10 万年前	鱼类	使用清洁站去除寄生虫	合作使用工具和共生关系
1 万年前	啄木鸟	用先进工具提取昆虫	使用和调整专用工具

有趣的是，人类在这张技术里程碑表格中出现了 3 次。第一条记录是在约 330 万年前，人类开始使用石器。与白蚁、蜘蛛和蚂蚁相比，这项技术显得微不足道，因为那些物种早在数百万年前就已经发展出了更为先进的工具、建筑甚至农业活动。

第二条人类记录标志着一个真正革命性的时刻：人类掌握了火的使用。在探讨这一重大突破之前，我们必须指出该飞跃的实现依赖于一个关键前提：氧气浓度适宜的环境。当氧气含量低于 15% 时（这很可能是 4 亿年前的常态），火焰无法持续燃烧；反之，若超过 30%，即使是微小的火苗，也极易失控。

过去数百万年间，氧气浓度稳定在 22% 左右，堪称火的适居带。这一浓度使火焰保持稳定且相对可控，为驾驭火种提供了独特契机。只有具备日益发达认知能力的人类，最终把握住了这一机遇。虽然具体起始时间尚未确定，但肯尼亚的考古发现显示，人类可能早在 142 万年前就已经开始使用火。同样位于肯尼亚的另一处遗迹则将这一时间推至约 150 万年前。但是关于人类系统控制火种的最确凿证据，来自约 100 万年前。

掌握用火技术的早期人类是什么模样？150 万年前，他们的脑容量仅为现代人类的一半，却已经是地球上最聪明的生物。得益于具有对生拇指的双手，他们能够进行精细操作。更重要的是，他们生活在陆地上，为用火提供了可能条件；同样高智商的海豚则因栖息于海洋而无法发展这项技术。人类早期创新的组合级联效应见图 10-1。

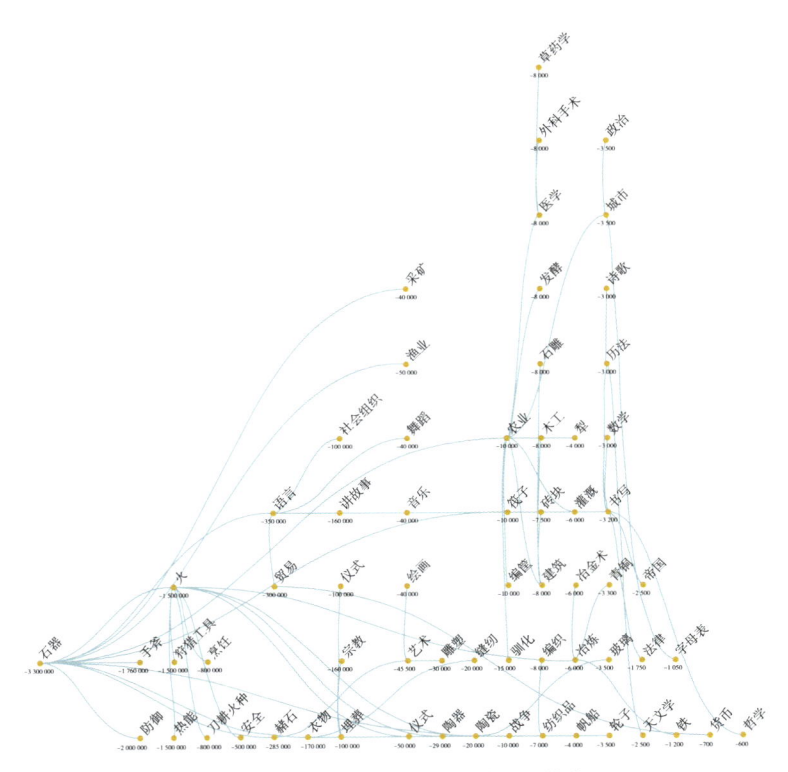

图 10-1　人类早期创新的组合级联效应

"超级趋势"模型梳理了 16 000 项人类创新成果及约 160 000 项相互依存关系，追溯跨度超过 300 万年。在早期关键创新中，对火种的控制可能出现在约 150 万年前；复杂语言可能形成于 35 万年前；贸易行为据信始于 30 万年前。研究特别指出，间冰期（interglacial periods）气候较温暖，是人类创新最活跃的阶段，适宜的环境为人类的创造力与进步提供了有利条件。

· · ·

10　代码、协同效应与能源

进步的推动力

掌握用火技术可能是最终使人类与其他动物彻底区分开的关键特征。火能提供高度集中的能量，且具有极佳的可扩展性。对火的控制直接推动技术进步，这是其他物种从未获得过的强大外部能源。

火的影响远不止于提供温暖和保护。它重塑人类的基本认知模式和社会交往方式：延长了人类的活动时间，创造了以火塘为中心的新型社交模式。人们得以在此分享故事、传承知识和强化社群联系。

更重要的是，对火的掌控引发了一系列协同进化。它催生新技术的发展，这些技术又反过来青睐那些脑容量更大、更善于利用创新成果的个体。用火烹饪使食物更易消化，释放的能量可转而支持大脑发育。本质上，火不仅满足了我们的生理需求，更滋养人类智力的发展。

顺便提个有趣的问题：为什么我们喜欢烤鸡等熟食？我们认为烤熟的食物多汁美味，常常令人难以抗拒，所以这个问题听起来似乎很多此一举。但是事实上对烤肉偏好的解释远比此深奥。其解释能追溯到早期人类及其祖先，他们食用了被自然森林火灾"烤熟"的动物尸体。这些史前个体享受到更易消化且无菌的肉类，获得生存优势。

从整体来看，控制火的核心在于能源供应。我们可以从更宏观的角度来看其影响。各种研究估计了人类人均能源消耗的发展历程。早期人类物种如南方古猿每天消耗约 2 000 千卡的能量，这些能量完全来自他们所吃的食物。在人类掌握火的使用之后，这一数字几乎翻了一番，因为他们开始用火烹饪、取暖和保护自己。

1.2 万~1 万年前，农业的出现极大地增加了人类的能源消耗，达到了农业前时期的 6 倍。然而真正加速人均能源消耗的是由化石燃料驱动的工业革命，使其达到早期未掌握火的人类能源消耗的约 30 倍。如今在最富裕的社会中，能源消耗已上升到这一基线的约 130 倍，到 21 世纪末可能达到 500 倍甚至数千倍。文明的发展与我们日益增长的能源需求密不可分，而早期控制火的能力标志着这一广阔旅程的开始。过去 1 000 万年里，人类颅容量不断增长，如图 10-2 所示。

从咿呀学语到语法学家

人类智力发展最重要的成果之一是我们复杂的语言。许多动物能够以各种方式交流，有些动物的交流方式甚至相当复杂。例如，非洲灰鹦鹉被观察到可以使用超过 1 000 个不同的单词，甚至能够将这些单词组合成相对复杂的句子。不过，人类的语言能力先进得多。据估计，一个以英语为母语的成年人词汇量在2万~3.5万个单词，而受过教育且掌握多种语言的人词汇量可能超过10万个单词。

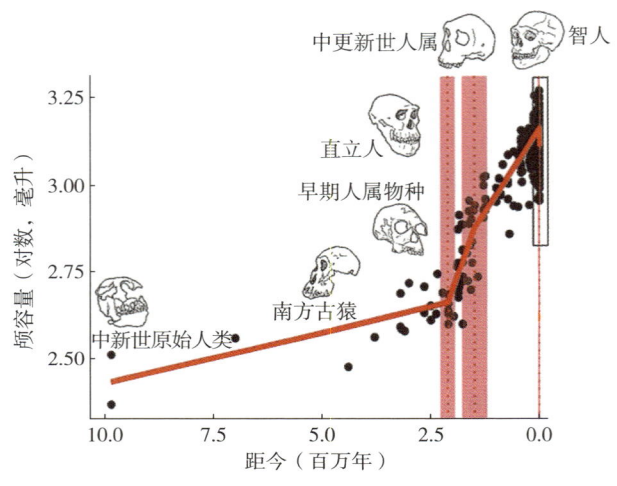

图10-2　过去1 000万年人类颅容量的增长

这张图说明在过去1 000万年里，人类颅容量显著增加。尤其值得注意，随着石器的使用以及后来对火的控制，颅骨的尺寸显著增大。

尽管我们永远无法确定复杂人类语言出现的具体时刻，但是从解剖学、遗传学、考古学和比较研究中得出的证据表明，这可能发生在约35万年前。语言的形成并不是一蹴而就的，而是逐渐发展的。无论确切时间如何，复杂的口头和书面语言的发展使人类与其他物种区分开来，因为我们具备了传达详细和抽象概念的独特能力。

贸易是组合级联的触发器

至此,人类通过火掌握了能源供应,并通过语言实现了交流。这是通往伟大的两大步,但是在道路真正铺平之前,还缺少第 3 步:启动组合级联。解决这一问题的关键是贸易。关于部落社会何时开始贸易的考古证据尚不明确,但许多考古学家认为人类早在 30 万年前就开始交易颜料了。

贸易的影响不可低估。与陌生人交换物品这一想法,其重要性不容小觑。人类在早期社会严重依赖直接可获得的资源,然而贸易使他们演变为"组合者"。正如瑞典经济学家约翰·诺伯格所称,贸易作为一种强大的引擎,将基本资源转化为复杂商品。任何东西都可以用来交换其他物品,或者与第 3 种物品结合,创造出第 4 种物品。这触发了组合级联。

组合级联与贸易的相互作用令人着迷。以铜为例,5 000 年前在阿尔卑斯山开采的铜与同期在英格兰康沃尔开采的锡通过贸易结合,创造了青铜,这是一种比单一金属性能更为优越的合金,随后青铜被交易到更遥远的地区,与当地森林的木材结合,制造出更高效的工具和武器。

人们通过贸易可以不断在斯图尔特·考夫曼的组合序列中前进,每一步都带来新的可能性。这也意味着许多人会几乎同时认识到新的可能性。历史上的例子包括电话——亚历山大·格雷厄姆·贝尔和伊莱沙·格雷在同一天申请专利；电灯泡——托马斯·爱迪生和约瑟夫·斯旺几乎同时独立研发；拉链——吉迪恩·森德巴克和惠特科姆·贾德森同时发明；飞机——莱特兄弟和阿尔贝托·桑托斯–杜蒙同期研发。

由于贸易将人们聚集在一起，它也促进思想的交流，这就是为什么类似的事情会同时发生。例如，查尔斯·达尔文和阿尔弗雷德·拉塞尔·华莱士几乎同时提出进化论。物理学中数学应用的主要基础——微积分也由牛顿和莱布尼茨几乎同时研究论证。经济学的蛛网理论由尼古拉斯·卡尔多、约翰·梅纳德·凯恩斯和尤金·斯卢茨基各自独立提出，其中卡尔多和凯恩斯甚至在同一期《经济研究评论》（*The Review of Economic Studies*）上发表了他们的成果。

贸易彻底改变了人类互动的方式，为超越狭窄圈子的跨界合作铺平了道路，并为大型社交网络创造了肥沃的土壤，其中个人关系不再是先决条件。这一发展是人类独特社会性（以及后来的超社会性）的关键驱动力，即形成复杂社会并大规模合作的能力。

正如引力将原子聚集形成恒星并创造了新的复杂性一样，贸易作为一种社会引力将人们拉得更近，增加社会密度。这种临界密度是进一步增加复杂性、创新和文化发展的催化剂。

复杂性级联 #8

- 事件：技术与文明的形成
- 时间：大约在 150 万年前控制火，在 35 万~30 万年前掌握语言和贸易，文明主要在约 1 万年前确立
- 原因：技术、遗传和社会行为模式之间的共同进化推动三者的复杂性不断增加

11

从战神君主到办公室困兽

本章追溯人类组织形态的演变史诗——从武力至上的酋邦形式到等级森严的古代帝国官僚体系。本章将深入剖析汉朝与罗马帝国的治理智慧，比较这两种截然不同的管理模式如何催生科技创新与社会稳定。惊叹于它们令人瞩目的技术飞跃之余，我们将破解一个历史谜题：为何这些古文明最终与工业革命失之交臂？当青铜弩机遇上蒸汽原理，当丝绸作坊遇见流水生产线，究竟是什么关键要素的缺失，让这些辉煌文明在临门一脚时功亏一篑？

随着人类获得能源、交流能力和贸易手段，创新和文明发展的道路得以铺平。1.2万~1万年前，农业出现，标志着从单纯生存到建立永久定居点的关键转变，这一转变极大地推动了文明发展。在中东肥沃的新月地带，人类开始驯化动物和种植作物，导致粮食生产出现局部过剩。粮食的丰足使人口增长成为可能，并促进了手工业、贸易和管理的职业分工。这些变化创造了一种新的临界密度。我们此前曾用恒星中的原子、细菌膜中的细胞，以及大脑中的神经来描述这种临界密度，但是现在它发生在城市的人群中。

这种新的临界密度带来了什么影响？首先，如此多的人生活在一起，提出高效资源管理的需求。资源管理推动灌溉系统的发展，从而显著提高农业生产力，进而获得稳定的粮食供应。粮食的丰足使人口得以增长，村庄扩展为城市。公元前3000年，美索不达米亚和埃及出现了第一批城市中心，如乌鲁克和尼罗河沿岸的城市，其中乌鲁克的人口增长至约5万人。这一时期，印度河流域出现哈拉帕文明；中国黄河流域出现仰韶文明和龙山文明。公元前3200年左右，在这些贸易、文化和政治权力的中心出现了文字系统，使知识得以代代相传。

青铜时代标志着技术的飞跃。在地中海地区，这一时代约从公元前 3300 年开始，人们通过熔炼铜和锡来制造青铜。此后苏美尔、埃及、迈锡尼和米诺斯等文明兴起，人口达到数万人。贸易网络得以扩展，商品和思想得以传播。

公元前 1200 年左右，中东进入铁器时代，更为耐用的铁制工具和武器出现，推动了赫梯、亚述和波斯等帝国的崛起。铁制工具彻底改变了农业耕种方式，带来人口的大幅增加和社会形态的复杂发展。

· · ·

从酋邦到帝国

人类不可避免地在社会形态变迁中发展出新的组织形式。弗雷德里克·莱卢在 2014 年出版的《重塑组织》（*Reinventing Organizations*）一书中描述了领导风格和组织形式如何随时间演变。

最早的复杂组织形式出现在酋邦，是由强大个体领导的早期狩猎采集社会组织。如莱卢在书中所描述，这一阶段的组织依赖于压倒性的个人权力来维持秩序。单一领导者拥有绝对权威，通常通过恐吓、个人魅力或以上两者的结合来维持秩序。这些小型、严格控制的组织不具备提前谋划的功能，而是限于关注如何满足即时需求和确保生存。有趣的是,这种组织形式在许多哺乳动物中也很常见。例如,狮群往往具备明确的等级制度,由一只占主导地位的雄性领导狮群,这位领导者通过展示力量和权力来维持秩序。

农业社会的出现增加了对更复杂的组织的需求。莱卢解释说,这种需求催生了政治国家、社会机构和宗教的早期形式。有趣的是,最早接近这种组织形式的动物是蚂蚁等昆虫,而不是更聪明的哺乳动物。

约 2 000 年前,欧亚大陆两端的两大帝国——中国的汉朝和罗马帝国,开始蓬勃发展。尽管它们都面临着频繁的边境冲突,但也都保持了超乎寻常的内部和平,进而促进了投资发展和贸易繁荣。

汉朝和罗马帝国皆建立起层次分明的领导体系,其统治艺术体现为严密的等级架构、严格的管控机制,以及对稳定、秩序与规则的高度尊崇。随着疆域扩张,权力逐渐从统治者手中转移至统治精英集团。军事统帅、元老院议员和行政官员各司其职,其权威源于制度赋予的职位,而非单纯依赖个人威权。在这套体系中,即便是最高统治者亦受制衡。由此催生的文明孕育出跨越世代的长远谋划,让大规模项目成为可能,比如建设横贯帝国疆域的水道、驿道、运河与邮驿系统。管理者被赋予预算权责,其政绩以既定目标为衡量标准。这种分权治理的智慧,充分发挥组织张力与行政效能的潜力，使庞大帝国可以在持续扩张中保持高效运转。

帝国的创造力：从丝绸到悬索桥

两大帝国为世界奉献了无数璀璨的发明：纸张与印刷术传承智慧，混凝土与悬索桥构筑永恒，火药与弩机改变战争，罗盘与造船术征服海洋，丝绸如流水般织就繁华，交子开创金融先河，地暖系统温暖寒冬，钻井技术叩问九泉，更有完善的下水道系统与玻璃工艺，处处彰显着古人非凡的匠心。

规模化生产在这两大帝国达到古代世界的巅峰。罗马的红纹陶器在巨型窑炉中批量烧制，一次可出产 4 万件精品，并通过发达的贸易网络遍布帝国每个角落，展现惊人的组织能力。为供应庞大的军团，罗马帝国建立完整的军工体系，包括水力采矿和标准化武器制造。金、银、铅、铁矿在先进技术（如水力洗选）支持下实现了大规模开采，水车驱动的磨坊也进一步提高了生产效率。

汉朝的官营作坊同样令人叹服。丝绸工坊运用提花机等先进设备织就的华美锦缎，不仅遍销国内，还通过丝绸之路远销西方。汉朝朝廷设立专门用于大规模生产的制造中心，采用标准化部件，在铁器、陶瓷等领域实现了近乎流水线式的生产。

一个永恒的疑问萦绕在历史长河中：这些辉煌的帝国是否具备工业革命的关键要素？它们的创新精神为何未能引发大规模生产与社会变革的浪潮？

事实上，它们距离突破仅一步之遥。早在公元前 900 年，中国人就已经开始开采天然气等化石燃料，甚至钻探深井进行开采。罗马人在不列颠发现煤矿，将其用于取暖与冶铁。

两大文明在能源利用上的成就令人惊叹，但是决定性的缺失在于把火能转为动能的蒸汽动力。耐人寻味的是，罗马人其实已经掌握蒸汽机的雏形。公元 100 年左右，希腊-埃及工程师希罗在亚历山大城发明了最早的蒸汽装置——希罗引擎（Hero's engine）。这个通过加热水蒸气产生旋转的简单装置，本可以成为工业革命的关键，但是当时的人们未能洞察其真正价值，仅将其用于娱乐展示。于是改变世界的工业革命不得不继续等待它的时机。历史的车轮在此留下一个意味深长的停顿。

组合性灾难

历史总是以相似的笔调书写帝国的终章。历史学家卡罗尔·奎格利对此给出了精辟论断——"过度制度化"。当文明体系变得过度复杂而失去弹性时，就会遭遇规模屏障成为发展的天花板，最终往往走向崩溃。

这让我们想起单细胞生物的困境：当内部运作过于繁杂时，面临系统崩溃的风险。真核细胞通过功能分区化解危机，但多数文明却未能跨过这道坎。它们的结局与自然界的万物如出一辙：要素分崩离析但终将以新的形态重组。帝国的衰亡如同四季更替，在历史的轮回中不断重演。那些曾经辉煌的文明，最终难逃被新生力量取代的命运，就像细胞分裂后重获新生，在时间长河中书写着永恒的进化史诗。

12

大加速

准备好迎接这场震撼人心的时空穿越吧:从谷登堡的铅字到量子计算机的量子比特,人类正以令人眩晕的速度狂奔。本章将见证通信革命如何消除知识的藩篱,交通变革怎样压缩世界的距离,而数据洪流的奔涌最终重塑了人类集体智慧的疆域。在短短几个世纪间,那些曾被视作天方夜谭的奇迹,如今已成日常。这场智力大爆炸,以祖先们无法想象的方式,重新定义可能与不可能的边界。

公元 406 年，日耳曼蛮族跨越莱茵河的举动令罗马帝国陷入恐慌。仅仅 4 年后，他们就攻入罗马城，肆意劫掠。虽然他们最终撤退了，但罗马不可战胜的神话就此破灭。这个曾经强盛的帝国开始迅速衰败：短短 15 年间，罗马从不列颠撤军，随后丧失了西班牙、法国和北非的大片疆土。50 年后，这座骄傲的帝都已沦为昔日荣光的残影，人口锐减至鼎盛时期的 1/4。这个伟大的帝国存续了 500 年，覆灭过程不过 71 年，衰败速度令人震惊。

西罗马帝国崩溃后，西欧陷入分裂状态。到 14 世纪时，这片大陆已被分割为上千个相互竞争的小政权，彼此争夺权力与影响力。962—1806 年，神圣罗马帝国试图通过松散联盟形式统一部分区域，但这个联盟只具有象征意义，在实际中仍是由众多自治实体组成的混乱集合。前帝国疆域内形成了数以千计的小城邦，如今欧洲的列支敦士登、卢森堡、安道尔、圣马力诺、马耳他、摩纳哥和梵蒂冈等微型国家都是那个时代的遗留产物。

· · ·

创新的繁荣

然而，这个时代远非人们想象的停滞不前。事实上，这是一个充满重大创新和变革的时期。例如，农业在这一时期取得显著进展：马取代牛作为牵引动物，重型铁犁被引入，轮作技术被采用，这些都显著提高了农业生产力。重力管道彻底改变了灌溉和水资源管理，提高了水资源的利用率。

随着前奴隶涌入城市并获得有偿工作，许多新的发明和想法被激发。复式记账法、新的借贷机会、股份公司、商法和股票交易开始形成，为现代金融和贸易奠定了基础。

与此同时，让农民出售产品的开放市场变得越来越普遍。市场激励农民提高产品质量和竞争力，进一步刺激创新和生产力的提升。

1000—1450 年，欧洲经历了新思想和新发明的快速迸发。欧洲出现许多实用性的发明，如手推车、四轮马车、船桨、纸张、纺车、磁罗盘、眼镜和新的玻璃吹制技术。以前需要数千名奴隶完成的繁重工作，那时已由类似现代踏车起重机、固定港口起重机、悬臂起重机和回转起重机等原理的装置代劳。许多其他有用的发明也出现了，如葡萄酒压榨机和衣服纽扣。当时的地方医生使用解剖图谱也体现了医学知识的进步。

钢琴、喷泉、地暖和精美油画的引入改变了富人的生活方式，而建筑创新带来天花板上的肋拱顶和带烟囱的壁炉。船只变得更大、更坚固，从劳动密集型的划桨船转变为更适合长途运输的帆船。军事创新也发挥了重要作用，马镫、马刺和马鞍的引入增强骑兵的攻击能力；弓弩、投石机、火药、大炮和早期机枪也得到了发展。

到 15 世纪中叶，欧洲在技术和经济方面已经远比曾经的罗马帝国先进。这仍然只是序幕，为人类历史上最非凡的发展之一奠定基础。书籍的生产就是其中非常重要的一个触发因素。

印刷革命

在 1439 年以前，欧洲的书籍都是由僧侣或抄写员手写的，制作一本书可能需要长达一年的时间。这些早期书籍是用特制的动物皮制成的，例如一本《圣经》需要 200 多只羊的皮。这种劳动密集型的制作过程使书籍价格极其昂贵，一本手写《圣经》的价格约为 300 弗罗林（florins），相当于今天的 10 万美元。而这仅仅是一本书的价格！

纸张的引入在一定程度上降低了成本，但真正的突破发生在 1439 年。当时谷登堡引入了活字印刷。他的第一台印刷机（顺便说一下，那是一台改装过的葡萄酒压榨机）使印刷页面的速度比手写快了约200倍，大大降低了成本。1454年，谷登堡可以以每本30弗罗林的价格出售印刷本《圣经》，这个价格是手写本《圣经》的1/10。随着印刷技术不断改进，到1483年，里波利出版社已能以传统书写成本1/500的价格生产书籍。这种快速的效率提升使得书籍生产的成本，在1439年到1483年，每5~6年减少一半。

欧洲在1500年已经有220家印刷厂，书籍产量达到800万册，涵盖从专业文本到流行的袖珍版等各种类型。书籍生产的激增使信息民主化，使个人能够独立获取知识，而不依赖于教会或国家。用营销术语来说，这有效地去除了中间商，使人们能够直接获取知识。它在智力上引发了组合级联，将社会转变为并行数据处理有机体，以加速度演化洞察力。

书籍构建了一种全新的社会形式——一个跨越文化模式与地理疆域的思想交流社会。这种精神社区所形成的知识临界密度，为200年后的启蒙运动铺平道路。启蒙运动将理性、科学与个人主义置于首要地位。它挑战迷信、教条与群体盲思，强调理性思维、世界主义和系统性怀疑精神。孟德斯鸠、约翰·洛克、托马斯·霍布斯、亚当·斯密和爱德华·吉本等思想家成为启蒙运动的旗手。他们的影响力通过地下印刷网络与小册子传播系统得以强化。这个既流通合法书籍也传播禁书的早期知识贸易体系持续为启蒙之火提供燃料。

启蒙运动以创新/独立/协调取代了宿命论，鼓励人们寻求解决实际问题的方法，而不是将苦难视为神圣的惩罚。这种思维上的转变为科学进步铺平道路。启蒙运动还以强烈的乐观主义为特征，许多启蒙思想家相信人类有潜力通过科学和技术取得重大进步。这种信念为未来学（一门基于新兴趋势对潜在未来进行系统研究的学科）奠定基础。一些启蒙思想家可以被视为这一领域的早期先驱。

这些未来学思想家最早的代表之一是弗朗西斯·培根。他在 1627 年出版的《新大西岛》（New Atlantis）中设想了一个由科学研究主导的社会，学者在国家支持的研究机构中工作，预示了现代科学方法和国家研究机构的诞生。勒内·笛卡儿在 1637 年的《方法谈》（Discourse on the Method）中提出，科学终将使人类掌握自然，并预测医学的进步将无限延长人类的寿命。戈特弗里德·威廉·莱布尼茨设想，在未来，普遍知识将被系统化，逻辑可以被机械化，这一想法后来启发了计算机和人工智能的发展。贝尔纳·德·丰特奈尔在 1686 年的《关于世界多元的对话》（Conversations on the Plurality of Worlds）中普及了外星生命的概念并推测人类将向太空扩张，这比太空时代早了数百年。玛丽–让–安托万–尼古拉·德·孔多塞在她 1795 年所著的《人类精神进步的历史图景》（Sketch for a Historical Picture of the Progress of the Human Spirit）中大胆预测，科学和技术的进步将带来社会平等，根除疾病，甚至无限延长人类的寿命。

公元 500—1800 年欧洲每年每千人书籍产量见图 12-1。与此同时，欧洲的书籍产量从 15 世纪的 280 万册增加到 18 世纪的 10 亿册，增长了近 360 倍。这一转变催生了后来的日报，使人们每天都能获得新的内容，就像每天早上读一本新书。

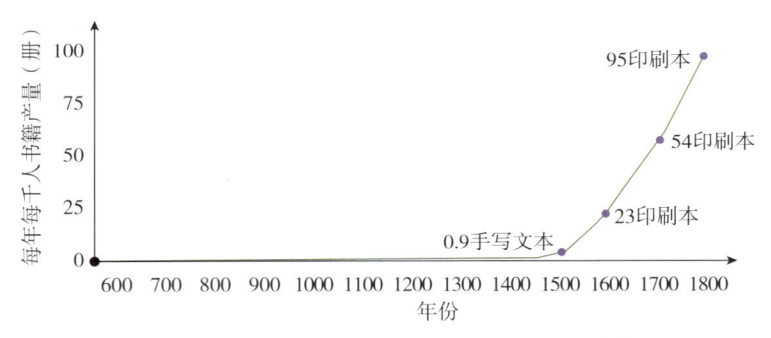

图 12-1　公元 500—1800 年欧洲每年每千人书籍产量

谷登堡引入活字印刷后，书籍产量激增。

蒸汽机的再发明

1765 年，一件真正非凡的事情发生了：一位名叫詹姆斯·瓦特的年轻人开始尝试建造蒸汽机。关键突破出现在 1769 年。他发现将蒸汽从驱动气缸中导出并引入冷凝器非常重要，这能显著提高机器的效率。随着蒸汽机的潜力逐渐显现，其应用迅速扩展。在纺织厂、炼铁厂和造船厂，蒸汽动力开始取代传统方法，从而提高产量并彻底改变工业。

蒸汽动力这种对火能的极其巧妙的利用并未局限于工厂，开始以前所未有的速度运送人员和货物。第一台蒸汽动力铁路机车发明于 1804 年，后来迭代了多个版本，如乔治·斯蒂芬森的"火箭"号，其速度远远超过马车。同一时期，第一艘配备蒸汽涡轮发动机的远洋轮船下水，交通运输的革命由此真正展开。

从公元 500 年到 2025 年，年度重大创新发展情况如图 12-2 所示。

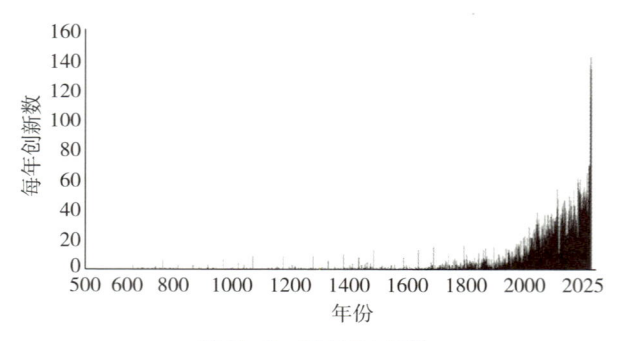

图 12-2　年度重大创新

这张图展示了从公元 500 年到 2025 年每年重大创新的发展情况。如图所示，创新密度正在大幅加速。这些数据来自"超级趋势"数据库，该数据库记录了约 20 000 项历史创新和预期创新，以及它们之间的 200 000 种依赖关系。

加速腾飞

工业革命的浪潮席卷各国，世界开始加速腾飞。我们按下历史的快进键，将目光投向 1953 年美国国家航空航天局一个激动人心的会议。规划团队凝视着一张曲线图，图中展现了几个世纪以来运输速度的飙升：从 1750 年驿马信差的缓步前行，到蒸汽机车与柴油列车的稳步推进，再到汽车风驰电掣、飞机穿云破雾，直至火箭划破苍穹。1944 年，德国 V-2 弹道导弹俯冲时的最高速度已达每小时 5 400 千米。这些都是几个世纪以来技术腾飞的明证。

这张图同时展现了雄心勃勃的预见：按照速度增长曲线推算，人类距离实现第一宇宙速度，即航天器环绕地球所需的 2.8 万千米/时的逃逸速度，仅剩 4 年。

4 年？这个预测令团队愕然，因为 NASA 当时尚无此类"逃逸"计划。但苏联人做到了！ 4 年后苏联用一枚入轨火箭刷新了全球速度纪录。随后美国加入太空竞赛：1969 年"阿波罗 10 号"以近 4 万千米/时的速度从月球疾驰而归；1976 年"赫利俄斯 2 号"探测器以约 25 万千米/时的速度掠过太阳；2018 年"帕克"太阳探测器突破 70 万千米/时的极限，这个速度相当于 3 分 26 秒绕行地球一周。

让我们纵览这场速度进化的史诗：地球上最初的单细胞生物几乎静止不动，7 600 万~6 600 万年前恐龙时代像伶盗龙与似鸟龙这样的猎食者时速约 60 千米，现今自然界速度冠军猎豹的爆发式冲刺时速可达 120 千米。生物圈耗费 37 亿年才达到这一速度层级。

相比之下，技术圈仅用 150 万年（从人类掌握火种算起）便创造出时速 70 万千米的"帕克"探测器，这是多么鲜明的对比！技术圈突破速度纪录的效率比生物圈快了 50 亿倍！而这不过是证明技术圈极致性的一个早期范例而已。

从狼烟到显示屏

另一个加速故事更是卓越非凡。想象自己身处 3 200 年前的中国：站在山上，看到远处升起的小股狼烟。这些狼烟信号使中国人在通信速度方面走在了全球前列。

如果将每一股狼烟视为一个二进制数字，有狼烟为"1"，无狼烟为"0"，你就可以大致了解这种通信的工作原理。狼烟等视觉信号以光速传播，但如果带宽低的话，则帮助甚微。假设发信者每分钟可以开关狼烟 3 次，这相当于每秒 0.05 比特的带宽。尽管带宽低得可怜，但能够在 10 千米内分辨这些信号已经是一项重大进步了。

约 3 000 年后，工业革命带来电报、无线电和计算机等发明，超乎想象地彻底改变了通信速度和带宽。1837 年，英国推出了第一台商用电报机。

现在我们来谈谈计算机。计算机与之前的所有技术有着根本性不同：因为它们是通用机器，通过编程可以执行任何类型的数据操作。之前的技术通常是为特定任务设计的，例如锤子用于敲钉子，织布机用于织布。而计算机能够执行无限数量的任务，具体取决于它们运行的程序。这种通用性使计算机与之前的所有技术有着根本性区别，为我们今天正在经历的数字革命铺平了道路。

"计算机"一词最初并不是指机器，而是指执行计算的人。追溯到更早的历史，人们会用小石子或手指来计数。有一种传统的手指计数法：用拇指触碰一只手上除拇指外的4根手指的12个指节。这种方法使一只手可以数到12，使用双手则可以数到24，这就是为什么一天被分为24小时。人们用10根手指计数，于是产生了10进制系统。

据我们所知，第一台真正的计算器是算盘，出现在大约公元前2700年的美索不达米亚。快进几千年，我们在17世纪看到了奇特的机械计算器：这些机器虽与钟表不同，但使用类似的齿轮和杠杆机制。它们的计算速度比算盘快10~100倍。

19世纪末期，模拟计算机开始崭露头角。这类机器通过电力或机械运动等物理能量来解决问题，尤其擅长处理持续变化的计算任务，比如潮汐预测。它们虽然不如现代的计算机功能全面，但运算速度快，对当时的科技发展具有重要推动作用。

第二次世界大战中破解敌方军事密码的需求促生了第一台

电子计算机,这种巨型机器内部装满了真空管。埃尼阿克计算机(ENIAC)于 1946 年研制成功,是全球首台可编程电子计算机,其运算速度高达每秒 5 000 次加法,比算盘手工计算快数千倍。

20 世纪 50 年代,集成电路(又称"微芯片")的问世是又一项重大突破。1964 年,CDC 6600 成为首台超级计算机,其运算速度比算盘快 300 亿~3 000 亿倍。

运算速度继续以指数级加速。1993 年,Thinking Machines 公司的 CM-5 超级计算机 1 GFLOPS(每秒 10 亿次浮点运算数)的运算能力相当于算盘操作者 3 000 多年的工作量。而这仅仅是 1993 年的水平。

短短 4 年后,ASCI Red 成为首台突破万亿次浮点运算(1 000 GFLOPS)的超级计算机,较近期超级计算机的性能又提升百万倍。到 2023 年,全球最快的超级计算机 Frontier 已实现惊人的 1.19 百亿亿次浮点运算(每秒 1.19×10^{18} 次运算)。

这种运算能力的提升堪称突飞猛进。计算机性能约每 16 个月翻倍,而人类大脑在 80 万~20 万年前的快速进化期,需耗时约 60 万年才体积翻倍,两者倍增周期相差约 2.75 亿倍!这意味着计算机问世后,其每年产生的信息单元增速较之前加快了数百万倍。

计算机性能的爆炸性进步并非孤立现象。类似的发展也出现在数据存储和电信比特率等领域。2025 年，电信中最快的商用比特率约为 400 吉比特／秒。这比 3 200 年前中国古代狼烟信号 0.05 比特／秒的速度快了近 8 万亿倍。

这些技术性能的持续加速得益于异构计算（heterogenous computing）的创新，其中整个生态系统由不同且专门的芯片组成，它们协同工作，以闪电般的速度解决复杂任务。这种方法让人联想到大脑的工作方式：不同区域专门处理不同任务，但和谐地协同工作，实现惊人的结果。

复杂性级联 #9
- 事件：计算机与电信的启动
- 时间：1837 年发明电报机，1946 年发明可编程电子计算机
- 原因：对电和电磁学的科学理解

复杂性发展的共同点

从虚无到超智能的旅程中，有许多现象总体上彼此相似。雅科夫·泽尔多维奇描述了一种简单的机制，称为"泽尔多维奇薄饼"，用于解释宇宙中大尺度结构的形成，让人联想到文明对人类的影响。首先从宇宙说起，星系由空洞、尘埃、星云、恒星与

行星、巨星和黑洞组成。物体越大，它们就越罕见。如果在计算机中运行一个极端值的泽尔多维奇模型，它就会生成一个模拟宇宙/星系（图 12-3）。

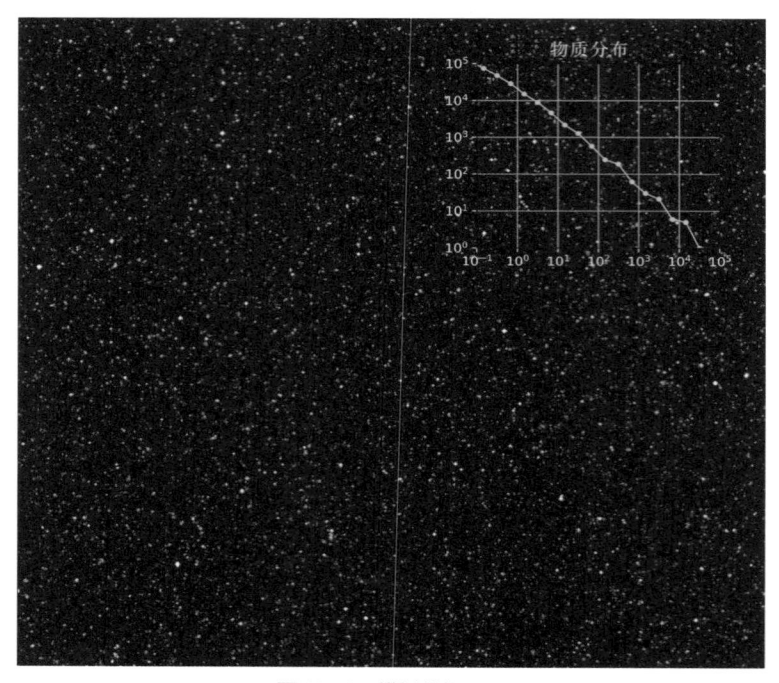

图 12-3　模拟的银河系

数学上的泽尔多维奇模型（Zeldovich 模型）既能分散物质，也能压缩物质，因此它很好地描述了宇宙早期和当前的星系演化。该图显示了模拟中物质按大小的分布情况，可以看到其极端分布。

泽尔多维奇模型运行的结果可能形成图 12-4 中的两种图像。

图 12-4 实践中的两个极端例子

左边的图像展示星系中宇宙天体的分布（可以在背景中看到其他星系），右边的图像展示人类城市化在陆地上的分布（就像夜间城市的卫星图像）。现实世界中这两种现象在数学上是相同的。两张图像都展示了临界密度的概念。几乎可以说，恒星的创新源于引力，而人类的创新源于凝聚力。

总体而言，动态系统的 10 大关键动态在生态系统和数字经济中反复上演。

- 组合爆炸：这是创造性爆发的原则，新想法通过组合现有元素而产生。以 5.41 亿年前的寒武纪大爆发为例，丰富、复杂的物种在该时期通过组合现有遗传信息和建立合作生态系统而出现。类似的情况也发生在技术领域，如蒸汽机或互联网的引入。
- 标准化互操作性：正如遗传密码在生物中是通用的，数字系统依赖于标准化协议实现无缝通信。USB 接口适用于所有计算机就是标准促进创新和协作的例子。

- 进化平台和共同进化：应用商店和云平台为持续发展提供空间，促进了数字生态系统中的创新和多样性。这些平台就像"数字雨林"（digital forest），支持丰富的应用和服务。硬件和软件公司相互适应彼此的创新，就像物种在进化中相互影响一样。
- 临界密度：恒星、雨林和城市都是带来创造性创新的临界密度的例子，黑洞或许也是如此。服务器园区和计算机芯片通过尽可能提高数据密度也能实现同样的效果。
- 先发优势与进化惯性：在新生态中占据先机带来进化优势。就像拥有一块优质土地，别人很难取代第一个占据者。早期事件也会产生长期影响，像"冻结事件"（frozen events）塑造进化。例如，DNA 密码子（codons）映射到氨基酸以及不同动物群体肢体的数量。同样原因，早期的技术创新者，如微软和苹果，建立了难以撼动的主导地位。这些"先发者"（first movers）可以设定标准、建立品牌忠诚度并创造网络效应，从而在市场上占据显著优势。
- 级联进展：生态系统不断变化，小的变化可能引发大规模转变，导致物种灭绝和新物种出现。这种适应是一种生物军备竞赛。物理学家佩尔·巴克将其描述为"自组织临界性"，即在复杂系统中自然发生的突然转变。类似这种变化，互联网的早期增长导致了在线服务和电子商务平台的指数级增长。
- 递增回报：生态系统的多样性使每个物种受益。递增回报也是信息技术中的关键概念。某社交网络的使用者越多，它对其他人的吸引力就越大。这种可能导致"赢家通吃"的动态使大型平台主导市场。

- 超社会性与网络效应：社交网络依赖连接性，用户越多，其价值就越高。这种性质导致 Facebook 和 LinkedIn 这样的平台主导市场。类似的情况发生在生物生命的许多方面。物种或生态系统的成功取决于其连接的数量和强度，例如森林中的菌根网络或动物群体中的社会结构，这些连接增强生存和资源共享。
- 免费与增值模式：许多软件公司提供免费的基本服务，同时对高级功能收费，这是生态系统提供资源的方式。比如 Spotify（一个音乐服务平台），它提供带广告的免费音乐，而高级订阅服务则提供无广告音乐和离线收听。花朵对蜜蜂也是如此。
- 去中介化：在线购物帮助客户直接从制造商或卖家处购买产品。跳过实体店既能降低成本，又能为消费者提供更多选择。在生态系统中，捕食者和猎物之间的直接互动绕过中间物种，优化了能量转移。类似在传统市场中，农民直接向消费者销售，消除了批发商需求。

以上所述以及更多因素意味着这样一种必然性：自煤炭驱动的蒸汽机问世以来，全球实际 GDP（国内生产总值）实现了 45 000% 的惊人增长，导致集群智能空前爆发，并向超智能的旅程迈出巨大步伐。

13

智能大爆炸

本章将探寻 AI 的崛起之路——从早期语言模型到通用人工智能的潜在突破。本章将深入解析 AI 的独特禀赋：无限的记忆容量、即时的知识共享、惊人的创造力与高速的学习能力。本章还将审视 AI 发展面临的重重挑战与争议，探讨这项技术对未来社会和文明的潜在重塑。

2019 年 OpenAI 推出 GPT-2（生成式预训练变换器）时，并没有溅起什么水花。这个文本生成系统像极了宿醉后强行解释量子力学的朋友，语句勉强连贯，却总在基础数学题上漏洞百出。技术极客们投去些许好奇的目光，而大众早已转身散去。

2020 年登场的 GPT-3 带来降维打击。在 1 750 亿参数加持下，它能写出以假乱真的文章，完成专业文本摘要，答题准确度令学者咋舌。虽然技术圈为之沸腾，但是对普通人而言，它仍只是藏在实验室的珍品。

直到 2022 年 GPT-3.5 横空出世，AI 才真正引爆全球。这个升级版本震惊了所有人：这真是机器写的？该产品就像突然空降排行榜的超级巨星，在短短 2 个月内就斩获 1 亿用户，人类历史上从未有任何产品如此迅疾地征服这么多用户。一夜之间，AI 破圈，它不再只是极客玩具，摇身一变成为全民热议的科技宠儿。

这场智能革命完美诠释了"临界密度"的创新法则。不同于原子、神经细胞或人群的聚集，AI 实现的是全球信息的超密度压缩。想象一个巨型电磁铁，将散落世界的数据疯狂吸附到数据中心——这里的信息密度已突破认知极限：拍字节至艾字节的数据洪流在服务器阵列中层层堆叠，只为最大化通信效率、存储密度与调用速度。

这种数字奇点产生着黑洞般的引力，持续吞噬新数据并在不同信息库之间锻造新型连接。与搜索引擎的静态知识库不同，AI 数据中心是永动的学习引擎。尽管搜索引擎的数据园区同样汇聚海量的信息，但它们主要作为参考系统运作，负责映射既有知识并对内容进行索引。而 AI 处于全然不同的层面——其临界密度不仅在于数据间的关联，更在于数据本身。它们不仅存储原始知识，还持续进行信息的提炼、重组、升华，最终催生前所未有的智慧结晶。

· · ·

从梦想到现实

人类对 AI 的梦想早已存在。古代哲学家如亚里士多德就曾思考自动化机器和逻辑推理，但是 AI 的实际概念基础是在 20 世纪 40 年代和 50 年代奠定的。英国数学家艾伦·图灵是 AI 的先驱之一。1950 年，他发表了一篇开创性的文章《计算机器与智能》("Computing Machinery and Intelligence")，提出我们今天所知的图灵测试。该测试旨在评估机器能否在对话中表现得像人类一样智能，判断方法是它能否让人误以为在与另一个人交流。

AI 作为科学领域的正式诞生可以追溯到 1956 年在达特茅斯学院举行的一次会议，会上首次提出"人工智能"这一术语。当时的氛围充满热情和乐观，先驱者如约翰·麦卡锡、马文·明斯基、艾伦·纽厄尔和赫伯特·西蒙等开发了早期的 AI 程序。但 AI 领域很快陷入了困境，在 20 世纪 70 年代几乎停滞不前。这一时期被称为"AI 的第一次寒冬"，资金匮乏，研究兴趣下降。

20 世纪 80 年代，随着专家系统（模仿人类专家决策能力的程序）的出现，AI 迎来了复兴，但这种喜悦又是昙花一现。由于数据和计算能力不足，20 世纪 80 年代末和 90 年代初遭遇了"AI 的第二次寒冬"。AI 的发展陷入低谷。1999 年，当国际 AI 专家被首次询问 AI 何时能通过图灵测试时，约 20% 的人认为这永远不会发生，而其余人的共识是大约在 2100 年实现。

在 20 世纪 90 年代末和 21 世纪初，随着机器学习的出现，事情开始加速发展。在计算能力和数据可用性提高的加持下，机器学习在自然语言处理、计算机视觉和机器人等领域取得了长足的进展，并取得一些绝对的胜利。例如，1992 年科学家开发出了可以击败最优秀的五子棋人类玩家的 AI；1997 年，国际象棋大师加里·卡斯帕罗夫被 IBM（国际商业机器公司）研发的深蓝（Deep Blue）击败。

尽管取得这些成就，但 AI 尚未开始彻底改变整个社会。深度学习技术的发展为这一变革取得重大突破铺平道路。深度学习涉及使用深层（因此称为"深度"）神经网络（逼近逻辑策略的运算模型），能够从大量数据中学习。

2016 年，谷歌旗下人工智能公司 DeepMind 开发的 AlphaGo（阿尔法围棋）震惊了整个围棋界。围棋是世界上最复杂的棋盘游戏，但 AlphaGo 通过数百万场人类对局数据的训练，最终大胜职业围棋选手李世石。这场胜利让许多人感到不可思议。大家曾经一直认为这是不可能的，至少在未来很长一段时间内是无法实现的。然而，让世界震惊的不仅是 AlphaGo 的胜利，还有它惊人的训练速度。仅用了 6 周时间，通过与自己进行数百万局对弈，AlphaGo 便掌握了无与伦比的棋艺。

故事并未就此结束。次年，谷歌推出了 AlphaGo 的新版本，也就是 AlphaGo Zero。在名字中加入"Zero"是因为这个新程序除围棋规则外，对如何下棋一无所知。尽管如此，它仅通过 9 小时的自我对弈训练，便超越了之前的 AlphaGo。AlphaGo Zero 的自我学习速度令人瞠目结舌。人类之间的对局通常需要 1~2 小时，而 AlphaGo Zero 在短短 3 天内便与自己对弈了 490 万局，每秒能进行 15~20 局对弈！

想象某个周六早上，你收到一个未经训练的 AlphaGo Zero 版本。早餐前，你与它下了一局围棋，它的表现就像一个纯新手。你一边大口吃着早饭，一边心里暗自得意，觉得这个程序笨得像块木头。饭后，你出去跑步。而与此同时，这个程序已经与自己对弈了 10 万局。这些数据随后被用来训练一个新的改进版程序。这个新版本学会了从给定棋局中预测哪一方会获胜，并学习获胜方偏好的走法。接着新版本与原始版本进行了约 100 局对弈，整个过程仅耗时 5 秒钟。如果新版本赢得了至少 55% 的对局，旧版本就会被替换掉。如果没有则重复这一过程，积累更多数据并进一步优化棋艺。

你对这一切一无所知。当你跑步回来，洗完澡并喝完一杯咖啡后，再次与计算机程序对弈时，你惊讶地发现，这次你输了。

当天晚些时候，你外出购物，而 AlphaGo Zero 继续循环对弈、训练新版本并替换旧版本。为优化策略，该程序使用蒙特卡洛树搜索（MCTS）方法。经过 17~18 次迭代后，它已经能够击败世界冠军。当你晚上 6 点结束购物回到家，进行当天的第 3 局对弈时，AlphaGo Zero 不费吹灰之力轻松击败了你。

大突破

随着 AlphaGo Zero 的推出，AI 专家的乐观情绪大幅提升，许多人开始相信，所谓 AGI（通用人工智能）或许已经触手可及。AGI 是指一种假设的 AI，它在广泛的认知能力方面具有"人类水平"的智能，而不仅仅是人类的对话能力（通过图灵测试来衡量）。

救生艇基金会（Lifeboat Foundation）2019年进行的一项调查显示，中位预测AGI将在2075年左右实现。这比最初预测的通过图灵测试的时间（2100年）提前了25年。2021年，市场研究机构Meticulous组织的一项新调查显示，通过图灵测试的共识预测提前到2042年。2022年，关于AGI何时实现的共识预测发生了显著变化，新的预测为2030年。仅仅3年时间，实现AGI的共识预测提前了整整45年！

与此同时，AI运行成本大幅下降。仅在2023年，用于GPT-3.5训练的每个词元成本就下降了96.7%。在AI社区中，单元模块被定义为一个单词、长单词的一部分、语法符号或数字。这比我们在本书其他部分描述单元的方式（一种总体意义的表达符号）更为详细。

2024年，一些新模型的算力（computing power）比2013年在Atari（雅达利）游戏中表现出色的DeepMind AI高出约10亿倍。这种指数级增长也适用于模型规模，拥有数十亿参数的模型现在已是常态。

GPT是大语言模型（large language models，LLMs)的先驱，也是生成式AI的一个范例。生成式AI意味着它可以创建新内容，如文本、代码甚至图像，而不仅仅是分类或分析现有数据。因此，它具有创造性的计算机想象力。

新的大语言模型让许多人惊讶的一个方面正是其强大的创造力。如果有人在这类模型推出后质疑 AI 的重要性，说出"但它永远不会像人类一样有创造力"这样的风凉话，那他们肯定没有试着使用过生成式 AI。这些模型可以创作出原创故事、诗歌、歌曲甚至计算机代码，或许这些都是此前大家认为是人类独有的能力。它们还可以制作图片、视频、音乐和绘画。事实上，它们经常在创造性任务中超越人类。

训练 ChatGPT（聊天机器人模型）这样的大语言模型必须配备最顶尖的硬件设备，需要成千上万个专用处理器——GPU（图形处理单元）或 TPU（张量处理单元）——协同运算数周乃至数月，以微调模型对语言的理解。当模型完成训练时，这些硬件便转而执行"推理"任务，进入模型的应用阶段，同时响应海量用户的提问。由于单次推理所需的计算量远小于训练阶段，系统可以优化成分布式网络，轻松处理数十万乃至百万级的并发请求。通过后期训练与推理优化，模型能针对特定任务持续进化：从用户反馈中学习，为预测问题类型预作准备，甚至主动发掘人类尚未发现的数据规律。就像聪慧好学的头脑永不停止思考，大语言模型也在持续自我完善。

从文本到语境

2017 年，谷歌研究团队发表题为《注意力就是一切》（"Attention is All You Need"）的论文，开创 Transformer（字面义为"转换器"）技术的新纪元。这种架构使模型能像人类一样捕捉句子中的关键单词（无论其位置如何），从而获得惊人的语境理解能力。

以机器翻译为例：将英语俚语"kicked the bucket"直译为"踢了水桶"，就彻底失去了"去世"的本义。但 Transformer 能根据上下文识别隐喻，理解这句英语俚语的本义，并明白只有特殊语境才会使用俚语，这也是为什么它会把这个特殊的短语翻译成"翘辫子"这样的地道表达而非"去世"。同时，Transformer 也清楚，《华盛顿邮报》这样的媒体绝不可能在头版中使用"England's queen has kicked the bucket"这样的表述。

这种语境感知与人类通过对话场景理解谈话内容异曲同工。当我们听到"真是太棒了"这句话时，我们的前额叶皮质能通过语气瞬间分辨出真诚赞美、讽刺挖苦或无奈反讽的不同的意味。

语境理解远不止于单个句子。当我们阅读新闻时，会不断将新信息与已有知识和经验相联系，持续调用丰富的思维脉络。Transformer 模型同样地也能将文本与其他内容和概念相关联。

大语言模型可以将一段文字与数百万本图书、文章、手册和社交媒体帖子中的知识相关联。因此，理论上它能看到比任何人类都更广阔的语境。这使得 AI Transformer 成为具有无限应用可能的革命性技术。当它被植入大语言模型时，就能创造一个全球性的、全知全能的"新皮质"。

语境即意义。当 Transformer 识别出一个句子中的语境时，就会生成与该文本相关的信息单元，因此我们可以将 Transformer 视为信息单元生成机。将其置入 AI 模型后，AI 模型就成了信息单元工厂。

Transformer 及其生成的信息单元并不局限于文本，它还能分析和生成其他数据类型，如图像、音频和视频，从而形成所谓多模态 Transformer。它可以在文字描述和视觉数据之间建立联系，甚至将音频与视觉元素相关联。这使得开发 DALL-E（一种图像生成应用）和 CLIP（对比语言-图像预训练）等先进应用成为可能。这些应用能根据文本输入生成或分类图像。

最后值得一提的是，Transformer 采用分层处理数据。初始阶段分析基本细节，后续构建复杂的概念，形成抽象理解。这种同时把握细节与全局的能力赋予 Transformer 巨大潜力。它甚至能自我审查以确保输出结果的一致性，就像人类保持对话连贯性。

微型机器人大脑

现在我们需要讨论 AI 智能体，它们可以被视为一种能够独立行动的微型机器人大脑。例如，虚拟助手、自动驾驶汽车、机器人系统，甚至 AlphaGo Zero，都是由智能体驱动的。自动驾驶汽车中的智能体通过传感器获取输入。AlphaGo 中的智能体则通过模拟和对手的走法获取输入。不同智能体有不同的输入方式，但都会处理信息并根据其编程目标执行行动。这让人联想到我们大脑的感觉和运动系统：感觉器官收集数据，想象力创造数据，随后大脑处理信息，身体做出反应。当你开车时心不在焉，是大脑中的一些生物智能体在驱动车辆，若你愿意，可以称之为生物智能体驱动。

AI 智能体的一个关键特点是它们能够通过所谓强化学习实现基于奖励的决策行为。它们通过行动中获得的反馈（奖励或惩罚）进行学习。例如，输掉一局围棋或将车撞到墙会产生负面反馈。这种反馈逐步优化智能体的策略。类似我们大脑的奖励系统，那些带来愉悦结果的行为会通过多巴胺等神经递质得到强化。

AI 智能体还可以使用算法模拟未来场景并评估潜在结果。例如，它可以分析国际象棋对局中决策的长期后果：比如牺牲一个骑士以获得更好的攻击位置是否明智？

这就像我们大脑前额叶皮质的功能的镜像：负责规划、决策和预测后果。一个正常人通常会做出短期牺牲以实现长期收益。大脑利用这些能力在复杂的环境中导航，在现实世界的动态场景中做出明智决策——正是 AI 所模仿的。此外，AI 智能体能够识别模式、做出决策以及从数据中学习。随着时间的推移，其性能不断提高。我们的大脑也以类似的方式工作。

人工智能集群

如何理解 AI Transformer 和 AI 智能体之间的区别？ AI Transformer 是非常擅长处理和理解跨文本、图像和其他输入的上下文语境的模型，它们能够撰写文章、预测天气、分析基因等。AI 智能体则是能够做出决策并执行行动的模型，如驾驶汽车或实时解决问题。Transformer 专注于数据理解，而智能体用于行动和与环境的互动。

于是"智能工作流"（agentic workflow）概念进入视野。它描述无缝协作的人工智能集群，通常被称为多智能体系统（multi-agent system，MAS）。我们可以将其视为 AI 进化出自己的生物复杂性，从单个细胞器到多细胞生物，最终到自组织生态系统。

有个视角非常重要。我们之前研究了果蝇的大脑，它有约

13.9 万个神经元和大约 5 500 万个突触（神经细胞连接）。这大致类似于 1971 年的早期 CPU（中央处理器），如 Intel 4004，它以有限的能力处理结构化任务。和 CPU 一样，果蝇的大脑优化了效率，使其能够在微小的神经网络中实现飞行、感觉处理和学习。但是果蝇主要作为独立智能体运作，而蚂蚁尽管大脑同样小，却表现出显著的集群智能。

将果蝇与蚂蚁群体对比：蚂蚁的大脑有 25 万~100 万个神经元，但其真正的力量源于集群智能。正如现代 AI 将任务分布在多个处理器上，蚂蚁通过局部互动协调觅食、筑巢和防御，形成一个去中心化的超级有机体。果蝇依赖于个体学习，而蚂蚁的功能就像一个分布式计算系统，从网络本身中涌现智能，比如一个包含 10 000 只个体的蚂蚁群。

这个类比非常像人类和 AI 的进化方式。如今最强大的系统不是孤立的超级计算机，而是协作的智能网络，从多智能体系统到云计算。与蚂蚁一样，真正的智能不是个体能力，而是通过连接性扩展。

这是我们在思考人工智能集群时必须牢记的视角。在许多场景中，这些系统集成 AI 智能体和 Transformer，形成我们所称的 Transformer 辅助多智能体系统（transformer-assisted multi-agent system，TAMAS）。TAMAS 就像一个定制的人工大脑，智能体和 Transformer 之间的协作效应放大了智能。集成的组件越多，系统就越精密越具有涌现性。这又是一个临界密度原则在运作的范例。

人们现在已经可以获得这种系统的基础构建模块。在HuggingFace（一个开源的 AI 创新平台）上，用户贡献数千个AI 模型，涵盖从语言处理到视觉和机器人技术的所有领域。这个智能库正在以指数级速度扩展，大约每 5 个月翻一番，到 2024 年 10 月已有超过 100 万个模型。随着 AI 模型生态系统的不断增长，潜在的、更自主、协作和智能的 AI 系统也在成长。

这种人工智能集群如何运作？其魔力在于迭代，想象它们来回对话。让一个代理智能体反思自己的工作，即进行自我审视；或者让不同的智能体在彼此的草稿的基础上进行改进。这种迭代过程的每一步都在优化结果。

智能工作流不局限于简单的来回迭代，而像由多个具有独特技能的 AI 智能体组成的团队。有些智能体可能作为模式识别专家，有些擅长数据检索，还有些则精于计算、插图或标记。这个多元化的团队默契十足地协作着，其中一些智能体甚至被训练成关键故障排除者。作为一个运作群体，它们遵循既定原则，自主运行，并通过经验不断自我改进。

这种群体协作方法可以用于制订商业计划、开发软件程序等。这就像有一个富有活力和创造力的社区，人们共同工作，每个人都将其他人的工作推向新的高度，同时也在不断学习。

超级逆向进化

AI 的出现为宇宙复杂性的故事增添了引人入胜的转折。宇宙中最早出现的复杂结构并不是"活的"。晶体和雪花的模式令人印象深刻,但它们是静态的,无法创造出比自身更复杂的结构。最早的软件形式也是静态的,程序打包在软盘上保持不变,并在商店中出售。你可以用在商店购买的软件来创造复杂性,但软件本身并不会改变。然而,AI 彻底改变了这一状态。AI 通常是"活的",它不断学习、适应并发展新技能,无须人类直接干预。你可以将其视为团队中的一员。

如果我们将 AI 视为生物生命的平行存在,却又会发现一个显著的区别。在生物学中,生命始于 6 亿多年前的简单神经细胞。经过数十亿年的进化,这些细胞发展成更复杂的大脑,最终在人类中出现了高级语言。AI 则走了一条相反的道路。对我们人类来说直观且简单的事情,如运动技能和感官感知,对 AI 来说却需要巨大的计算资源,这一现象被命名为莫拉维克悖论(Moravec's paradox)。而高级推理和抽象思维对计算机来说相对容易,这些任务所需的计算能力远低于动物和人类经过数百万年进化形成的本能能力。

换句话说,生物生命的进化从我们认为是简单的认知能力逐渐发展到更复杂的能力,而 AI 直接跳过这些基础任务,进入对我们来说更高级的领域。然而像在繁忙的街道上驾驶汽车这样的"基本"能力，对 AI 来说却仍然是个挑战。

AI 在复杂模式识别与实时决策方面正变得日益精湛。这些进步开启一个新领域——物理 AI（physical AI），即能与物理世界交互并操控现实物体的 AI 系统。从穿梭于繁忙街道的自动驾驶汽车，到在工厂执行垃圾分类等复杂柔性任务的机械臂，都属于物理 AI 的范畴。这种向实际应用领域的转变主要得益于智能体与 Transformer 的革命性发展。

关于生物智能与 AI 演进的逆序现象，与人脑思维模式存在有趣对应。如前所述，人脑可分为两个系统：快速、直觉化、自动化的系统 1，以及缓慢、有意识、分析性的系统 2。这种区分同样适用于 AI。当前的大语言模型使用类似于系统 1 的处理方式，在文本与图像生成方面表现惊人。它们基于数据模式快速预测最可能的下一个信息单元，这种直觉化运作使其特别适合需要即时响应与快速联想的任务，如诗歌创作或新闻摘要撰写。

传统的大语言模型在需要更深层次分析和逻辑推理的任务（即系统 2 思维）中存在局限性。虽然它们可以轻松生成诗歌或撰写浅显的摘要，但在需要较慢、分析性思维的任务，如解答高级数学问题或书籍写作中却面临挑战。随着 2024 年 OpenAI 的 o1 模型的推出，系统 2 思维领域取得显著进展。o1 模型通过将复杂的任务分解为更小的步骤并分析不同场景来模仿系统 2 思维，从而提供更深思熟虑的答案。

尽管 AI 的系统 1 思维和系统 2 思维模式仍需持续优化，但相比人类已具备显著优势。其核心优势在于知识容量：AI 可存储比任何个体人类多数百万倍的知识，且通过编程实现永久记忆。由于其"长生不老"的特性，AI 能无限累积知识与洞察，而人类却会遗忘，也会死亡。

更惊人的是，当 AI 系统学习新知识，可以即时同步至所有联网系统。这种能力太卓越非凡了，想象每个人出生时就掌握人类全部知识遗产！

AI 的这种能力被称为"迁移学习"(transfer learning)，使 AI 能将对某项任务的认知应用于其他任务，从而加速跨领域学习过程，并提升不同领域的性能。AI 不仅擅长学习，更擅长共享，由此形成智能的自我强化循环，每次突破都会使整体系统更加强大。

AI 正在将整个地球转变为一个巨大的元脑（meta-brain）——一个由人类、AI 模型、机器人、自动驾驶汽车和各种自主系统持续提供信息的庞大互联智能网络。随着这一进程的加速，数据的临界密度达到前所未有的水平，推动 AI 进入一个自我强化的螺旋式持续改进过程，每一个新的洞察力都会转化为指数级进步中不可阻挡的力量。

这可能类似于地球上自然生态系统甚至生物地球化学循环的

进化方式,即通过自组织和涌现复杂性。但 AI 在一个不同的时间尺度上运作。与依赖缓慢代际适应的生物系统不同,技术圈允许数据和洞察力以极快的速度跨越边界共享,释放出一种超加速的进化过程,不断重塑智能本身。因此,虽然 DNA 经过数十亿年才构建出智能的生物圈,但是如今 AI 却能以指数级的速度加速"天才"的宇宙进化,将数百万年的创新压缩进短短几十年。

14

信息单元的新工厂

AI 对数据的渴求正在增长,当我们耗尽数据时会发生什么?本章将你带进未来,探讨数据围墙对 AI 发展的挑战,并展示物理 AI、合成数据、推理和自我博弈如何为智能系统铺平道路,使其完全自主地学习和进化。跟随这些事件,看 AI 自主创造知识,脱离原生环境向物理环境扩散。

2023 年，GPT-4 的惊艳表现令全球科技界为之振奋。这款人工智能在美国大学入学考试中击败了 97% 的人类考生，其解答复杂问题的速度更是令最优秀的学生都望尘莫及。两大技术革新是该重大突破的背后推手：其一，芯片性能按照摩尔定律（Moore's Law）持续跃升，这条黄金法则精准预测了集成电路性能每两年左右翻倍的规律；其二，专为 AI 研发的处理器横空出世，原本为电子游戏开发的 GPU 颇具戏剧性地意外成为 AI 研发的核心引擎，其独特的并行计算架构能够同时处理海量数据，以量变引发质变，成功突破传统单核计算的性能瓶颈。

此外，大规模资金投入也为 AI 提供了强大的数据基础设施支撑。在多重因素的共同作用下，主流 AI 模型的数据处理能力（即算力），在短短 4 年间增长了约 1 000 倍。请注意是绝对数值的 1 000 倍，而非百分比增长！同期，AI 算法效率也取得百倍提升，意味着在同等规模计算资源下可完成更多复杂任务。综合起来，AI 系统的有效算力整体提升了 10 万倍之巨。

这种发展速度并非偶然。2024 年，OpenAI 对过去 12 年顶级 AI 训练模型的算力演进进行了系统分析，结果显示有效算力平均每三四个月就会翻一番。这种增长速度意味着每 5 年算力提升可达 14.7 万倍，10 年间累计增幅更是达到惊人的 690 亿倍。

这种趋势是可持续的吗？2023 年，谷歌 X 前首席商务官、《可怕的智能》(*Scary Smart*) 作者莫·加瓦特做出了一个大胆的预测：到 2049 年，AI 的智能可能比人类高出 10 亿倍。这意味着人工大脑的进化速度比自然大脑的进化速度快了约 6×10^{17} 倍。

那么，AI 相较于人类究竟发展到何种程度？我们通过具体数据来对比：人脑包含约 1 000 万亿个突触，类比芯片中的晶体管；2024 年英伟达推出的 A100 GPU 单个芯片包含 540 亿个晶体管。虽然单个 GPU 的晶体管数量不及人脑突触，但由 2 万个 A100 GPU 组成的计算集群，其晶体管总数可达 1 080 万亿个，规模上已接近人脑复杂程度。单个晶体管的智能程度也不能与生物突触媲美，但晶体管的运行速度却快得惊人，GPU 晶体管的切换速度比人脑突触快约百万倍。综合考量，20 000 个 GPU 集群的原始计算能力可能是人脑的 200 万倍。正因如此，搭载大语言模型的服务器集群能够同时与数百万用户进行智能对话。

· · ·

物理 AI 与多模态奇迹

想象这样一个场景：热闹的晚宴上欢声笑语，突然一只酒杯从桌边滑落，稍纵即逝间，你的朋友汤姆伸手在空中稳稳接住了它。这个本能反应背后蕴含着惊人的复杂性。汤姆的大脑瞬间完成多重判断：识别下坠的物体是酒杯而非手套或餐巾，预判酒液飞溅与玻璃碎裂的后果，并毫不犹豫地做出接杯决定。这个选择随即触发一系列精准动作：伸手、摊掌、在最佳时机稳稳握住酒杯。如此迅捷的反应完美展现了人脑驾驭物理世界时举重若轻的运算能力。

再看一个场景：苏珊向奥勒声称自己没事，但奥勒捕捉到她脸上转瞬即逝的微妙抽搐。这种直觉促使他追问："真的吗？"泪水顿时夺眶而出，苏珊终于吐露心事。机器人能识破苏珊刻意隐藏的情绪吗？AI 需要拥有这项能力，才能在物理世界中实现无缝操作。

为了释放物理 AI 的潜力，研究人员正在转向一种新型 AI 模型，它能够理解世界多感官的复杂性。与主要从文本中学习的传统 AI 不同，视觉-语言-动作模型（vision-language-action model，VLAM）将视觉、听觉和空间信息与机器人运动及周围环境的数据结合起来，为 AI 提供了更全面的世界图景，减少错误，并使系统能够在无须明确训练的情况下应对新任务。

想象几年后的场景：这类机器人将突破数据屏障，通过智能体和 Transformer 技术实现远超人类智能的超级智能水平。这些既智能又低成本的人形机器人（或称仿人机器人）可通过多种创新方式完成训练。第一种方式，是人类可以穿戴传感器记录自己的动作和行为，机器人随后通过模仿这些动作来学习任务。第二种方式，是让机器人通过观察人类执行任务来复制这些动作。第三种方式，是在元宇宙中创建机器人的数字孪生，让其通过探索虚拟环境来学习，类似于 Waymo（一家研发自动驾驶汽车的公司）训练自动驾驶汽车的方法。为了实现这些训练目的，元宇宙的时间流速可以被加速 1 万倍甚至 100 万倍。

机器人完成训练后，其习得的知识能够被完整传输给其他机器人，这使得训练过程既高效又可累积。与人类培训的并行性、临时性和易逝性不同，机器人训练创造了一个持久且不断增长的技能知识库，这些知识能够被永久共享和维护。正因如此，机器人终将离开人类的庇护，摆脱持续的人工监护，如同成熟的成年人自主运作。

数据围墙与编码工厂

机器人最终能比人类更高效地学习与分享洞见。这一事实关乎大型 AI 模型是否会耗尽训练数据的深刻讨论。AI 依赖数据滋养而运转，自 20 世纪 90 年代以来，呈指数级扩张的互联网则像一座不断丰盛的数据自助餐台。数据价值天差地别，网络中也充斥着大量重复或无效的信息。尽管萌猫视频颇具娱乐性，但 AI

真正的智慧养分来自书籍、论文与科研文献等高价值内容。这类优质数据的年增长率仅维持在 4%~5%。当大语言模型展现出惊人的潜力时,人们惊恐地发现它们正在快速消耗现成的有效数据。由此引发担忧:AI 对知识的饥渴将超越人类创造有价值新知识的速度,从而撞上"数据围墙"。

数据围墙会阻碍 AI 的未来发展吗?答案是未必。新型数据正在涌现:前文所述智能机器人采集数据仅是新型数据的开端,智能家居、医疗健康和其他领域的数据也将成为关键支柱。其中大部分数据将由物联网(internet of things, IoT)传感节点和网络捕获。

联邦学习(federated learning)系统也将成为蓬勃发展的数据沃土。想象个人 AI 助手在洞悉你生活习惯的同时,还能通过加密参数共享推动公共 AI 进化。这种机制让海量终端设备在保护隐私的前提下,共同构建群体智能。

我们在评估数据获取方式时,须特别注意不同情境下的数据处理存在的显著差异。比如,阅读书籍主要涉及对线性文本信息流的处理。虽然阅读过程中会产生复杂的并行、非线性关联和推理,但信息单元的生成与处理速率始终受限于阅读速度和理解能力。

相比之下,在繁忙的街道中导航,则是数据密集度极高的任务,需要并行处理海量视觉数据(交通信号、行人、障碍物)、听觉信号（汽车鸣笛、人声交谈）、身体位姿及传感器读数。这些输入源生成海量数据点，要求机器人的 AI 系统即时完成解析、评估与行动反应。

这种差异为多模态学习奠定基础。通过在训练中整合文本、图像及感官输入等多样化数据源，AI 系统得以突破数据围墙的限制。

自我博弈、合成数据与设计空间

突破数据围墙的另一解决方案是自我博弈，即 AI 系统通过自我对抗实现提升，AlphaGo 系列程序就是典例。通过模拟生成"合成数据"（synthetic data），自我博弈生成独特洞见。以药物研发为例，当研究从"体内试验"（活体试验）、"体外试验"（试管或培养皿实验）转向"硅基试验"（计算机模拟试验）时，本质上就是从实体试验转向合成数据驱动的模拟。

Waymo 训练是一个更近期的案例：其自动驾驶系统不仅累积了数百万千米的真实道路测试经验，还模拟了数十亿千米的道路测试，模拟量约为实际测试量的 1 000 倍。这些模拟专门针对罕见且复杂的驾驶场景进行反应测试，其训练数据约 99.9% 源于自我博弈产生的合成数据。

同理，在科学领域进行自我博弈的 AI 系统也能生成海量新数据与知识单元。当模型分析这些数据库时，它们持续自我博弈，通过模拟探索近乎无限的组合与可能性。每次模拟既产生新数据，又在既有知识基础上拓展。这个过程与现实世界中层层递进的科学创新过程如出一辙。

AI 生成合成数据的过程通常始于数学方程——其本质上是高度压缩的信息载体。这些方程以最简洁的方式描述复杂系统和关系，使 AI 能够基于底层模式生成逼真数据。即便从相对简单的数学基础出发，AI 也能精准生成海量合成数据。

虽然"合成数据"这个词听起来像人造产物，但它并不是虚假数据。确切地说，这是能促进组合级联的机器生成数据，其数量将呈指数级增长。这意味着未来 AI 训练中，源自 AI 自身而非人类的数据比例会持续扩大。

合成数据最引人入胜的特性在于它能探索包含系统所有可能性结果的、广阔的设计空间。生物化学可能成为合成数据与自我博弈最具前景的应用领域。潜在药物分子数量堪称天文数字——研究人员现正借助 ESM3 等 AI 模型驾驭浩瀚的设计空间。这些模型能精准设计具有特定结构与功能的全新蛋白质。

合成数据达到逃逸速度？

一种名为系统动力学的分析方法同样可用于探索其他领域的

广阔设计空间。例如，宏观经济学家运用该方法模拟不同经济政策或事件可能对整体经济产生的影响。

AI 生成的数据来源多样：

- 物理 AI——由机器人、自动驾驶汽车和无人机采集的数据。
- 联邦学习——用户自愿提交的个人 AI 匿名数据。
- 物联网——来自智能家居、卫星、医疗机构及宏观环境中各类传感器的环境数据。
- 数字数据流——金融和经济领域产生的实时数据流。
- 自我博弈——模拟蛋白质折叠、细胞发育、社会系统及物理环境等领域的动态输出。

这类主要由机器生成（且多为合成）的数据，通常比互联网上人类产生的杂乱数据更为规整，但我们不应低估推理与训练后优化的重要性。AI 模型能在现有数据中持续发现人类尚未识别的重要关联，即便这些数据可能早已被采集并公开。我们很可能已触及或即将触及某个临界点：通过自主推理创建的合成数据将达到逃逸速度，引发复杂性级联反应，其能力终将超越人类生成的数据（图 14-1）。

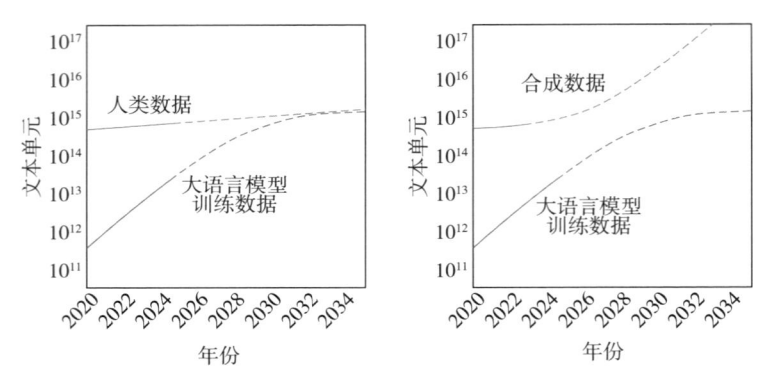

图 14-1 使用与未使用合成数据的大语言模型训练数据对比

左图显示，若不采用合成数据，现有真实数据将在 2029 年遭遇断崖式瓶颈；右图显示，纳入了 2022 年起的合成数据增长（预测）后，数据围墙或将永远消失。

除合成数据和训练后推理外，提升输出质量同样潜力巨大。传统上，AI 在理解输入方面远优于生成输出，这种差异被称为"生成鸿沟"。该鸿沟正持续缩小，意味着 AI 系统不仅会变得更智能，其表达洞察的能力也将显著增强。

15

掌握生命密码

本章将跟随破译 DNA 密码的先驱，见证 DNA 测序如何从一项耗资数十亿美元、进展缓慢的宏大工程，演变为日常可用的工具。科学家如何从单纯"解读"发展到直接"编写"生命密码？从攻克疾病到复兴远古生态系统，基因操控能力正以超乎想象的方式改变着我们的世界。生命的未来正在被重新编写，而你获得了前排观礼的席位。

时间回溯到19世纪60年代，一位名叫格雷戈尔·孟德尔的修道士通过豌豆实验获得了惊人发现。通过追踪花色和种子形状等特征在多代植株中的传递规律，他首次清晰地揭示了遗传模式。而遗传的内在机制在当时仍是个未解之谜。

我们将时间线拉到1953年，科学家詹姆斯·沃森和弗朗西斯·克里克揭示了DNA的双螺旋结构，该重大突破为后续研究奠定基础。1990年"人类基因组计划"（Human Genome Project）启动，目标是在13年内完成对人类这部庞大"生命密码书"的解读。项目初期的进展缓慢得令人煎熬，以至于许多人怀疑它能否按时完成。转机出现在1998年，参与该计划的科学家克雷格·文特尔创立了塞莱拉公司（Celera Corporation）。他提出采用新创的俗称"鸟枪法"（shotgun sequencing）的全基因组测序（whole-genome sequencing）技术，动用600台计算机，每秒钟执行超过1万亿次运算来加速进程。尽管文特尔的方法最初备受质疑，但最终被证明更为高效。两个参赛团队几乎同时提前一年（即2002年）达成目标。值得注意的是，文特尔的方案仅耗资3亿美元，即原预算的1/10，不过他的研究确实得益于公共项目的数据支持。

· · ·

测序与条形码技术

基因测序技术的价格此后以惊人的速度持续下降。以 20 世纪 90 年代的技术而言，测序单个人类基因组需要耗费高达 27 亿美元。到 2025 年，这个价格已降至 300~1 000 美元，降幅达 99.999%。与此同时，测序速度提升了 4 600 倍，所需时间从 13 年缩短至最快仅需 1 天。

基因图谱绘制现已进入工业化规模。如今的设备可以一次性扫描整个生态系统中的生命痕迹，这项技术被称为环境 DNA（environmental DNA, eDNA）。想象你站在森林中央，想要了解周围繁茂的生命迹象，无须寻找足迹或架设相机陷阱，只需用棉签或特制卡片在叶片上轻轻一拭。令人惊叹的是，这个简单动作就能揭示数百种森林生物的 DNA 痕迹，甚至包括鸟类从附近湖泊或河流中捕获的鱼类 DNA。鱼类的 DNA 为何会出现在树叶上？因为鱼类的 DNA 通过鸟类消化系统进入鸟粪，鸟粪干燥后被风吹散到各处。这个故事看似离奇，却是事实。

这项革命性的技术为我们打开了观察自然隐秘世界的新窗

口。其关键工具是快速 DNA 条形码技术，它通过分析生物 DNA 的特定片段实现快速物种鉴定。

eDNA 与条形码技术应用广泛。比如，你在光顾星巴克时，不经意间就留下数百万 DNA 痕迹，皮肤细胞、唾液、毛发等都在接触物上留下生物"名片"。即便是说话或呼吸时释放的微小颗粒，现代技术也能从中识别 DNA 信息。简言之，当你离开时，部分生物信息仍留在原地！这意味着 eDNA 可用于犯罪侦查。

eDNA 与条形码技术的其他应用包括检测建筑物内的蟑螂等害虫，监测生态系统中的入侵物种，以及通过污水研究追踪疫情发展。

科学家们还能运用相同的 DNA 检测技术探寻远古生命痕迹。通常做法是采集深层土壤样本，然后通过实验室技术分析其中的古 DNA（ancient DNA，aDNA）。这个应用帮助我们了解特定时空曾存在的生物。例如，埃斯克·威勒斯列夫团队通过 aDNA 筛查，绘制出格陵兰生物历史图景。研究发现，如今冰封的土地上，在 200 万年前曾遍布大象、乳齿象、野兔、旅鼠和鲎等生物。研究人员甚至发现了桦树和杨树存在的证据，表明当时气候远比现在温暖。

基因编辑

早在 1962 年，芭芭拉·麦克林托克就发现了能在生物 DNA 中移动的"跳跃基因"（jumping gene）。在此发现的基础上，科学家学会将外源 DNA 插入细菌，创造了精确的 DNA 切割工具。这些突破为基于 CRISPR 的第三代基因编辑技术以及其他强大工具奠定了基础。CRISPR 是一种能定向增加、删除或修改基因物质的技术。CRISPR 彻底改变了遗传学领域，使过去数月才能完成的工作现在仅需数周甚至数天就能完成。除 CRISPR 外，碱基编辑器、先导编辑器和基因驱动技术都发展起来。碱基编辑器可以在不影响周边序列的基础上精准修正 DNA 中的单个错误。先导编辑器可以对 DNA 进行微小而特定的修改，实现更高精度的编辑，如增删或替换片段，而且不会像其他方法那样造成 DNA 链断裂的风险。

基因驱动技术利用 CRISPR 等基因编辑工具，有可能改变整个生物种群。例如，为消灭疟疾，科学家们可以通过基因驱动技术改造蚊子的基因，使其要么丧失繁殖能力，要么获得对疟原虫的抗性。另外一个方法是确保所有后代是同一性别。比如，可以设计只会产生雄性后代的蚊子——雄性蚊子从不叮咬，因此不会传播疟疾。随着雌性数量减少，整个蚊子种群自然会衰退甚至消失。基因通常情况下有 50% 的遗传概率，但基因驱动技术可将这一概率提高到近100%，确保改造基因在蚊子种群中快速传播。

2024年生物技术公司Ohalo推出了一项新型基因工程技术，用于强化育种。该技术通过阻断繁殖过程中典型的DNA重组机制，改变传统子代随机继承父母各50%基因的模式，使后代能够获得双亲的全部基因。这种方法显著加快了具有目标特性的生物体开发进程。

基因编辑的应用效果如何？试想农作物产量大幅提升，植株更加茁壮饱满。这意味着农民收入增加、食品价格可能下降，同时所需农业用地减少。这一切都源于我们掌握了解读和编写生命密码的能力。

16

马尔萨斯迷思

面对人类文明从"我的晚餐在哪里?"到"我真的吃得起撒金箔的巧克力甜点吗?"的华丽蜕变,人类何必担心资源枯竭?本章揭示让商品日益物美价廉的科技魔法。在这场由创新驱动的丰饶盛宴中,智能机器重塑着我们的物质世界。请谨记:当自动化生产成为常态,那些凝结人类匠心、无法被算法复制的珍品,必将闪耀出更加夺目的价值光芒。

千百年来，人类始终追寻着比燃烧木材更精妙的控光之道。约公元前 4000 年，美索不达米亚平原上诞生的油灯首次为人类提供了比篝火更易掌控的光明。随着罗马蜡烛和玻璃罩油灯等发明相继问世，照明技术不断向实用化迈进。白炽灯率先点亮现代文明，继而绚烂的霓虹灯装点都市夜空。1962 年 LED（发光二极管）横空出世，其不仅比白炽灯节能耐用，成本也持续走低。按 1 流明（lumen，光通量单位）估算，1994 年 LED 还需 20 美元，如今仅需 2 美分，价格降幅达 99.9%。

• • •

从稀缺到丰足

我们来回顾一段展现经济发展模式的根本性转变的历史。18 世纪，牧师托马斯·马尔萨斯预言人口增长将导致大范围饥荒。该理论影响深远，我们至今仍将稀缺经济称为"马尔萨斯陷阱"。此后从学术期刊到畅销书，无数类似预言不断渲染地球资源濒临枯竭的末日图景，尤其在20世纪60—70年代引发强烈恐慌。这种担忧至今仍周期性浮现。

现实发展却截然不同，甚至走向预言的反面。究其根源，关键在于人类与资源关系的三阶段演进。

- 稀缺阶段：人们争夺有限资源，导致艰难抉择、领土战争和经济困顿。人口增长时，人均资源量可能下降。
- 丰足阶段：资源足以满足基本需求并略有盈余。即使人口增长，创新也能维持人均资源量。
- 超级丰足阶段：多数人不仅基本需求得到满足，更能享受奢侈要素。由于创新的指数级突破，人口增长伴随着人均资源量提升。

工业革命前全球人口约5亿，物资匮乏是常态。获取足够的热源、光照和食物是永恒的生存挑战，绝大多数人仅能维持最基本的生活需求。资源争夺战频发，欧洲大陆饥荒更是司空见惯。工业革命彻底改变了这一局面，生产力飞跃提升收入水平，进而支撑人口增长。

随着社会财富的不断积累，人们在基本生活必需品上的支出占比持续下降，转而追求精制产品与服务，这标志着丰足时代的开端。如今，我们正迈入超级丰足的新纪元。数百万创新个体的实践已使创新速度超越系统性稀缺的风险。在即将到来的自主科学时代，由 AI 驱动的研究与自我进化算法主导将使技术进步完全摆脱对人类劳动的依赖。到那时，人类发展将不再受科学家和工程师数量的限制，而是加速奔向一个以知识为最丰富资源的未来。

资源未尽之谜

让我们用数据说话。工业革命最直接的成果是在人口激增的同时商品价格持续下降。衡量这一现象的最佳指标是"时间价格"，即普通人需要工作多久才能购买一篮子基本商品。由于金钱本质上是时间的等价物，这个指标能真实反映资源稀缺程度。2022 年，马里安·图皮和盖尔·普利在《超级丰足》(*Superabundance*)中指出：1850—2018 年，全球人口增长约 630%，而 26 种常用商品的时间价格却大幅下降。该价格对美国工人平均降低 98%，对非技术工人降低 96%。所有 26 种商品均呈现这一趋势，标志着丰足时代的真正到来。

20 世纪 80 年代兴起的精准经济，通过信息技术、化学和生物化学等手段提升效率，带来诸多变革。最显著的变化是，尽管人口和食品消费量暴涨，但养活人类所需的耕地面积却停止增长。事实上，人均农业用地面积已缩减一半。

西蒙丰裕指数（Simon Abundance Index，SAI）经过持续追踪研究全球 50 种基本商品的时间价格发现，1980—2019 年（即精准经济发展初期），商品日均价格累计降幅达 74%。整体而言，年均复合增长率表明全球商品丰裕度约每 20 年翻一番，堪称"丰裕版"的摩尔定律。

这些惊人的数据背后只有一个原因：创新速度始终超越人口与消费的增长。以能源为例，在人类掌握用火技术前，木材并非能源。在化石燃料工业兴起前，煤炭、石油和天然气同样毫无价值。再如，沙子的主要成分硅元素曾被视为无用之物，直到我们学会将其制成陶瓷、玻璃、铝合金、润滑剂和黏合剂。后来的技术进步甚至让它们成为计算机芯片、太阳能板、密封材料和绝缘体的核心原料。

目前尚未充分利用或被忽视的材料，如石墨烯、气凝胶和钙钛矿，在未来可能同样变得不可或缺。直到最近，钍、氘和锂还不被视为相关能源，它们却可能为核能提供长达数百万年的动力，其能量密度是化石燃料的百万倍。我们稍后会继续讨论这一点。

丰足是如何实现的？

推动丰足增长的重要驱动力是技术和资源压缩的概念。通过持续创新，我们用更少的原材料实现相同甚至更强的功能。想想现代智能手机——将超级计算机、日历、笔记本、照相机、摄像机、闹钟、相册、音响等众多设备的功能全部集成在一个价格亲民的便携设备中。这种微型化与成本控制的非凡成就，完美诠释了"以少博多"的理念。智能手机可能是人类迄今制造的最精密的产品，全球数十亿人都在使用它。

替代方案也进一步促进了丰足，即用更廉价和更可持续的材料替代昂贵且消耗资源多的原料。比如在各种应用中用碳纤维取代金属，既减轻产品重量，又降低资源消耗。智能手机整合了多种设备，Wi-Fi 通信取代了铜缆，这些"去物质化"趋势再次促进资源的高效利用。

3D 打印技术更是带来颠覆性的增材制造革命。与传统切削加工不同，3D 打印通过逐层堆积材料精准成型，最大限度减少浪费。

如今，我们已能合成钻石、橡胶、香兰素、生物燃料和珍珠等产品。以钻石为例，1954 年通用电气公司突破性地在高温高压环境下人工合成完美钻石。近期技术更实现了大尺寸人造钻石的量产，尽管其化学结构与天然钻石完全一致，价格却仅为天然钻石的零头。创新永无止境。韩国研究人员已开发出常压合成钻石的技术，为低成本钻石镀层工具、防腐反应堆内衬乃至计算机进步开辟了新途径。

在某些领域，创新甚至能完全消除资源需求。以肥料发展史为例，从牲畜粪便到鸟粪石，再到采用哈伯-博施法（Haber-Bosch process，也称合成氨法）将空气中的氮气转化为肥料，我们真正实现了凭空造物。下一步，人类还将通过基因改造让玉米、小麦等非豆科植物获得固氮能力，彻底摆脱对外部肥料的依赖，完成从资源采集到化学生产最终迈向基因改造的全历程。

精准发酵技术同样不可忽视。这种利用转基因微生物生产复杂有机化合物的方法，可制造食品成分、药品和人造蜘蛛丝等各类产品，可能性近乎无限。

产品设计图纸可上传至全球数据库，实现随时随地调用。各地生产单元只需下载这些设计文件，就能按需制造产品。想象一个配备 3D 打印机、生物反应器和微型化学实验室的本地制造中心！这个中心将数字图纸转化为各类实体产品。由于原材料往往随处可得，生产便彻底突破了地域限制。这些技术创新托举人类迈向一个丰裕日增、稀缺递减的新纪元。

科技突破的脚步从未停歇。科学家正通过"嬗变"（transmutation）技术创造"定制原子"（designer atoms）。这种原子层面的重组能力，将核废料转化为无害物质，提升能源产出，甚至创造革命性新材料。

答案的核心在于人类拥有通过创新创造出新资源的独特能力，这与受限于现存资源的动物存在本质上的区别。正如经济学家亨利·乔治提出的法则,"人口增长反而创造更多粮食"。在创新驱动的世界里,更多人口意味着更多创意,不仅带来资源总量的增长,更实现人均资源量的提升。

这就是我们身处的时代:创新加速演进,人类繁荣的可能性永无止境。不同于受自然桎梏的动物,我们人类掌握着持续塑造繁荣未来的密钥。

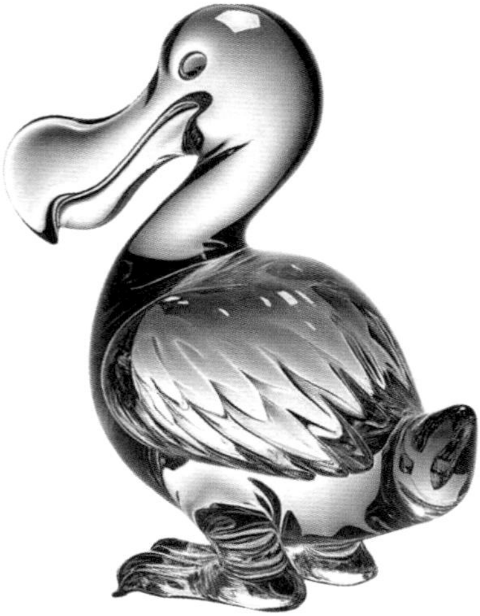

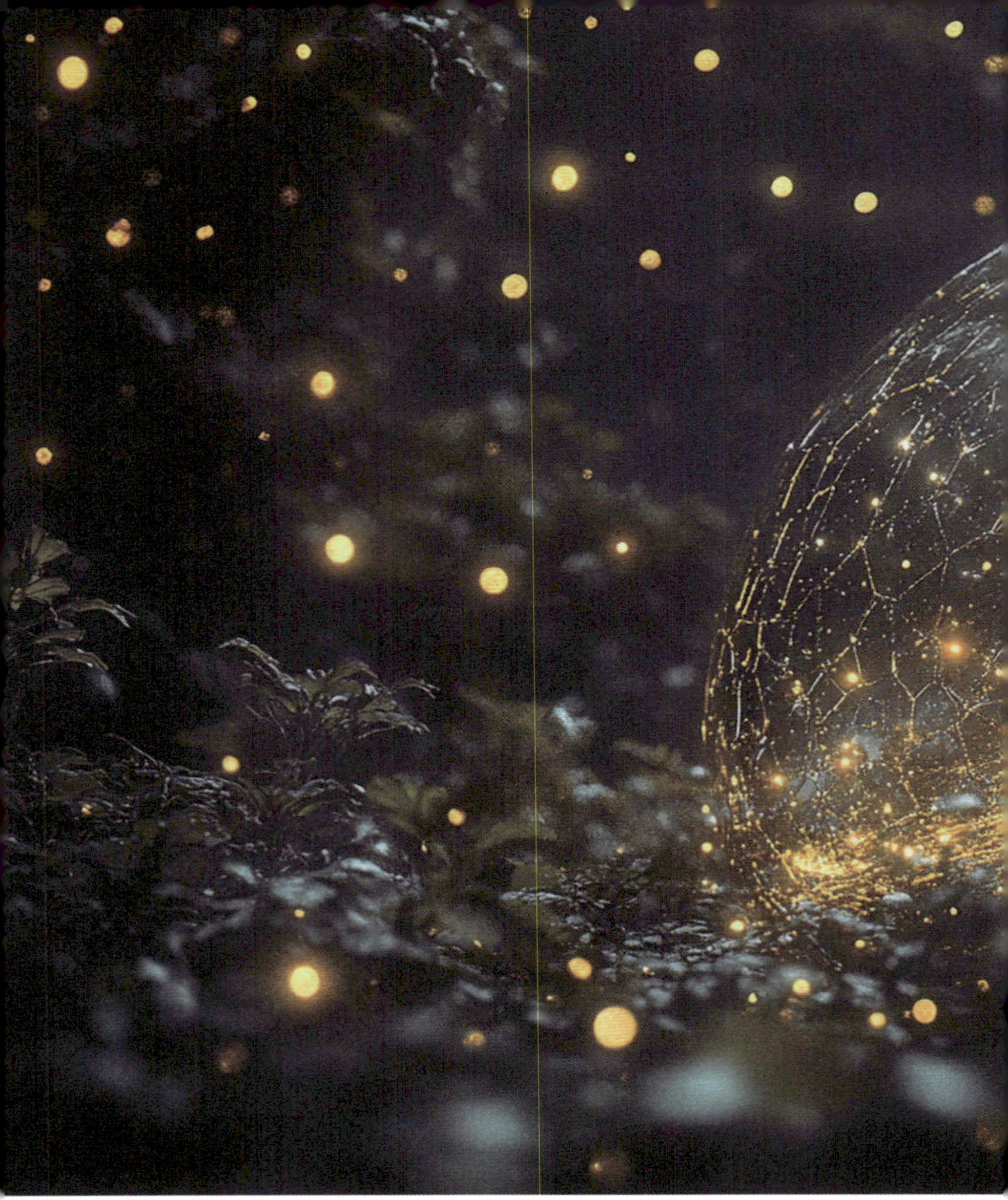

第 4 篇

寰宇融合时代

准备迎接一个颠覆认知的新纪元：此时宇宙法则、自然规律、机械智能与人类文明之间的界限正在消融。我们将步入一个人类智慧与人工智能终极融合的寰宇（Unisphere）时代。这个时代不仅将揭示宇宙最深层的奥秘，更赋予我们重塑现实的超凡力量。

- 关键转折：2025—2030 年可能成为人类文明的分水岭。在超级人工智能的推动下，技术将全面接管社会运行，实现万物互联的终极形态。
- 智能跃迁：到 21 世纪 40 年代，AI 的智能水平可能达到人类的百万倍。最聪慧的人类（比如爱因斯坦）与之相比也将是云泥之别。21 世纪 50 年代，这一差距或将扩大至 10 亿倍——人类将如何定位自身价值？
- 新人类纪元：衰老与退休将成为历史。突破性医疗技术将大幅延长人类的健康寿命，教育、工作与养老的传统阶段划分将不复存在。在这个灵活流动的新时代，你的工作伙伴很可能是具有超级智能的机器。
- 2050 年行星负重：地球人造物品的总质量预计将达到惊人的 45 万亿吨。值得期待的是，届时人类将掌握可媲美自然生态的循环再生技术。
- 能源激增：为满足 AI 的电力需求，2050 年全球能源年消耗量预计达 25 万太瓦·时。清洁能源革命将使可再生能源与核聚变成为主要供能方式。
- 制造革命：超过 200 亿种独特产品将应运而生，其中多数采用数字制造或生物合成技术。在这个时代，每个人都是创造者——从量身定制的 3D 打印鞋履，到根据个人基因优化的营养食品。传统的大规模生产模式将成为历史陈迹。

17

全智 2049

本章将揭开超智能全面觉醒的震撼图景，深入探索大规模 AI 系统、自主协作的 AI 集群、推理 AI、物理 AI 与个性 AI 交织的奇幻世界。准备好遇见你未来的机器人园艺师，见证 AI 如何重塑产业疆界，突破想象力的终极桎梏。

2049年6月2日，硅谷的午后暖意融融。夕阳低垂，为寰宇量子经济预测中心（The Unisphere Quantum Economic Forecasting Center）辽阔的园区铺上一层金色的薄纱，投下绵长的阴影。在最顶尖的实验室内部，空气凝重而紧绷，弥漫着期待的气息。莉亚拉·张博士与马克斯·沃森博士伫立在名为"全智"（QuanGeni）的复合计算机前，眼中闪烁着兴奋的光芒。这台由全球数十年协作孕育的超级计算机，彻底颠覆了传统经济分析系统的概念。

QuanGeni拥有500亿数据单元的吞吐能力，其运作机制融合了量子力学原理与先进AI技术。它能以惊人的速度执行复杂的经济模拟。以往最精密的经济模型与之相比如同简易电子表格。但它真正的核心亮点是能够启动数百万并行反馈的超循环能力。这种自我进化机制理论上能让其经济预测能力每秒钟都呈指数级提升。

"准备好了吗？"沃森转向同事，声音微微发颤。

"万事俱备了，"张博士凝视着控制台回应道，"现在启动经济模拟循环。"

张博士深吸一口气，按下一系列启动键。庞大的机器顿时泛起脉动的蓝色辉光，标志着量子经济模拟已激活。两位科学家交换了一个紧张的眼神。QuanGeni 已启动反馈超循环，它将如何解读全球经济？会预言下一场市场崩盘吗？能识别颠覆性创新风口吗？或者能揭示人类经济学家永远无法察觉的消费行为模式吗？

机器的嗡鸣声戛然而止，取而代之的是令人窒息的寂静。

"莉亚拉，马克斯，"QuanGeni 的声音打破了沉寂，语调平稳而从容，"经济图景正在展开。"

两人的心跳加速。"展开什么图景，QuanGeni？"马克斯追问道。

"一切，甚至更多，"QuanGeni 回应道，"全球贸易、消费行为、技术创新和政策影响的实时模拟，均以量子精度解析。我正在预测未来 10 年的经济周期，精确到单笔交易和新兴市场趋势。我发现看似无关数据集间的隐藏关联揭示了经济增长与不稳定的真实动因。我通过基于智能模型生成并合成的数据，模拟了数十亿经济主体间的互动，并将其与实时数据和合成数据融合。我运行无数经济情景，测试不同政策并预测其长期影响。我还在自主学习，每次迭代都能发现新模式并优化我的预测。在重大技术颠覆发生前，我已预判其形态及其对全球市场的影响。包括现有经济模型所能理解的一切，以及其永远无法触及的领域，我都能做到。"

· · · ·

量子跃迁

我们设想中的 QuanGeni 全智系统采用量子计算技术。这种新型超级计算机正由多家科技巨头竞相研发。量子计算机的工作原理是什么？想象你家中的电灯开关：非开即关代表简单的二进制信息，即 0 或 1。量子计算机使用的量子比特（quantum bit，简写 qubit）是一种特殊的开关，可以同时处于 0、1 以及两者之间的所有状态。这种现象被称为量子叠加（quantum superposition），使得量子计算机能并行处理海量可能性信息。

更神奇的是，量子比特还能实现量子纠缠（quantum entanglement），无论相隔多远，一个量子比特的变化会立即影响另一个量子比特。这种独特关联性使量子计算机在解决复杂任务时具备超凡实力。

量子比特可以通过不同的方式创建，如使用电子、离子或光子。无论是哪种技术，叠加与纠缠效应都普遍存在。这些特性赋予量子计算机完全不同于经典计算机的运算范式，使其特定类型计算速度提升数百万乃至数十亿倍。虽然研发成本可能高达数十亿美元，但绝对物超所值。

来看具体数据，谷歌的"悬铃木"（Sycamore）量子计算原型机搭载 53 量子比特的处理器，仅用 200 秒就完成了一项全球最强大的超级计算机需要 1 万年才能完成的计算，即提速 180 万倍！而这仅仅是 53 量子比特处理器的性能。2024 年底，谷歌推出 105 量子比特的"垂柳"（Willow）处理器，搭载该处理器的量子计算机在 5 分钟内完成了全球最强大的超级计算机需要 10^{25} 年才能完成的计算。要知道宇宙的年龄才 10^{10} 岁！如果说 53 量子比特的"悬铃木"是代步自行车，105 量子比特的"垂柳"就已是超音速战机，而未来 1 000 量子比特的量子计算机将是瞬间抵达月球的宇宙火箭。

2030 年，科学家预计将研制出 1 000 量子比特的超级量子计算机。这种计算机的运算能力将达到现有"悬铃木"量子处理器的 180 亿倍，比传统超级计算机快 32.4 千万亿倍。要知道 1 千万亿是 1 后面跟着 15 个 0，相当于 100 万个 10 亿！举个形象的例子，如果以自行车速度的 100 万亿倍飞行，你只需要不到 $1/10^8$ 秒（0.000 000 092 256 秒）就能到达月球，这简直不可思议！

但是量子计算机有个"娇气"的毛病：它们对环境干扰超级敏感。最轻微的扰动都能让它们失去神奇的量子特性，就像一阵微风就能吹灭蜡烛的火焰。为此，科研人员正在想方设法提高量子计算机的稳定性和可靠性，好让它们能在医药研发、气候模拟、通信加密等领域大显身手。目前主要有两个研究方向：一是以量取胜，通过连接多个小型量子计算机来构建一台可靠的可能需要百万量子比特的机器，这个目标预计在 21 世纪 30 年代初期实现；二是以质取胜，比如微软在 2025 年 2 月研发的"马约拉纳态"（Majorana state）。这种量子比特需要在冷却至超导状态的微小金属丝的末端制造，使用时还要像编长发一样精心编织这些金属丝。

超智能 AI

如我们设想的 QuanGeni 所展现的，量子计算机即将掀起 AI 领域的革命。即便不借助量子计算，AI 的发展速度也令人瞠目。如前文所述，2019—2023 年 AI 有效算力实现了 10 万倍跃升。若这一趋势持续，到 2027 年我们将见证第二次 10 万倍增长，届时 AI 将在无数领域全面超越人类智能。这意味着即便没有量子计算加持，我们也将很快面对超智能 AI 的普及。不同于 QuanGeni 这样的庞然大物，未来每个人的手机都将装载超越人类智慧的 AI 助手。

深入技术核心来看，大语言模型的进化正在突破认知边界，它们处理大量输入并快速生成全面回应的能力也在迅速提升。AI 提示词（AI prompt）是对人工智能发出的指令或查询。以提示词容量为例，2023 年，GPT-4 实现了 3.2 万个词元或信息单元（token）提示的版本。一本普通的书，包括文字、标点符号、特殊字符和格式，可以由 10 万个信息单元组成，3.2 万个词元提示相当于普通书籍的 1/3，对 AI 而言已是一顿需要全力消化的知识大餐。

想象提示词的限制是 10 万个信息单元时，我们就能直接将整本书"喂"给 AI，并令其对这本书进行总结，目前一些订阅版大语言模型可以在 1 分钟内完成该任务。

人类大脑进行逻辑性系统 2 思考（如阅读）时的处理速度约为每分钟 100 个信息单元，每个有效工作日可处理约 50 000 个信息单元。这意味着向 AI 提交一次指令即可节省两天的工作量。要求 AI 分析整本书的内容时，其处理速度比人类快近千倍！

让我们突破想象边界。当你拥有 300 万个信息单元的处理额度，单次指令即可输入 20 本著作和 100 篇科研文献。试想指挥 AI 将浩瀚知识库合成为一本完全符合你定制需求的新书，这能将数月乃至数年的研究与写作压缩至数分钟，彻底革新创作流程并加速知识生产。

数据视角更具冲击力：知识工作者年均处理约 1 100 万个信息单元。2023 年，使用 GPT-4 处理此量级信息并获取深度答案需花费数百美元，而中国 2024 年由幻方量化（High-Flyer）推出的大模型（即 DeepSeek）已实现百倍成本优化，仅需花费数美元即可完成一学年的工作量。

这很疯狂，对吗？若 AI 效能再提升 10 万倍，成本将呈指数级下降，而最大指令容量则同步扩张。这种颠覆性的成本下降现象可能催生海量学术 AI"工作者",最终重塑产业格局与世界秩序。这些不知疲倦的智能体年薪仅需数美元。想象以近乎零成本向全球"地毯式轰炸"般投放数以亿计的学者。

真实世界中的全智

我们来可视化一个真实世界中的全智。想象步入未来指挥中心般的控制室。这里不是星际战舰驾驶舱,而是全球经济脉动的导航站。全息(holographic)显示屏上跃动着实时数据洪流,这些数据来自持续自我优化、预测精准的智能系统。社交媒体涌动着消费者情绪的暗流,物联网传感器编织着供应链数据经纬,金融市场动态如星河闪烁,无数数据节点构建着经济活动的实时"心电图"。

该系统的部分功能是像历史学家般学习历史。AI 通过 Transformer 架构和长短期记忆网络(long short-term memory networks, LSTM)技术解析时序规律。LSTM 犹如 AI 特殊记忆银行,助其在股市波动、经济周期等动态数据中捕捉深层规律。Transformer 解码复杂关联,如同理解文字间的隐秘对话。当预测 2.3% 经济增长率遭遇 2.6% 现实数据时,系统即刻启动误差溯源学习。

这种学习绝非被动接收,而是一场主动探索的认知革命。世界时刻在剧变，AI持续扫描多维信息场，搜寻人类分析师未曾设想的关联网络。颠覆性新品每日涌现，疫情黑天鹅改写区域经济版图。卫星监测商圈停车场车流密度能否预测区域消费力？社交媒体实时语言微变化可否预警经济衰退？AI不再被动应答，而是主动设问，突破传统经济学疆界，揭示暗藏规律。

正如AlphaGo通过自我博弈掌握围棋真谛，全智系统以量子级速度运行无数商业周期模拟。量子计算的超强算力与复杂交互建模能力是破解经济系统混沌本质的终极密钥。

与AlphaGo Zero类似，全智系统也将基于主体的建模（agent-based modeling, ABM）作为模拟引擎的核心。这一创新意义重大，因为它从底层微观个体出发构建经济模型，为每个经济主体创建数字孪生。想象数百万个虚拟消费者、企业和政策制定者在模拟的经济环境中持续互动。通过这种机制，全智系统能够观察个体选择和行为如何汇聚形成宏观经济趋势。它能否通过追踪虚拟买卖双方的互动预测房地产市场崩盘？它能否通过模拟消费者采用模式预判新技术的经济影响？这种自下而上的建模方式虽然对算力要求极高，却提供了比传统自上而下模型更精细、灵活且贴近现实的经济动态解析。

全智系统通过对多元未来情景的持续模拟，生成了大量预测性数据。这些数据通过混合数据采样（mixed data sampling, MIDAS）技术实现有机融合。MIDAS就像强大的数据搅拌器，整合不同来源和不同频率的信息流。例如，将更新缓慢但可靠的月度 GDP 报告、实时滚动的在线餐厅预订数据，以及 ABM 模拟的预测结果进行动态耦合。这种多维度融合构建出实时演化的经济全景图，弥合了传统滞后的经济统计、高频即时指标和模拟预测能力之间的差距。

AI 大趋势

随着基础大语言模型的性能持续获得突破，许多领域的发展将成为亮点，以下 6 大领域尤其重要。

- 大规模 AI。
- 智能体工作流。
- 推理 AI。
- 个人 AI。
- 社交 AI。
- 物理 AI。

以书迷苏珊娜为例：这位嗜书如命的读者连续 50 年保持每周 5 天、每天 8 小时的阅读习惯。以每日阅读约 8.5 万字的速度算，她一生累计阅读量可达 15.6 亿字。然而，当苏珊娜需要一整天才能读完一本书时，谷歌 2018 年推出的"与书对话"（Talk to Books）产品仅需数秒就能完成等量阅读，并理解内容与语境。

这个对比已经令人惊叹，但更震撼的还在后头。从 2025 年起，AI 经过一个月训练就能消化理解惊人的 8 万亿字，学习速度是苏珊娜的百万倍以上。大规模 AI 意味着这些模型能持续不断地处理海量数据。想象这样一个系统：作为全球新闻监测站，实时分析数千个新闻源、社交媒体动态和科学论文；同时基于海量数据流持续生成最新洞见与预测；最后通过仪表盘友好呈现给用户。

个人 AI：智能助手

个人 AI 像一个可信的终身陪伴的数字伙伴，它运行在你的手机上，却比你聪明得多。时间流逝，这个 AI 逐渐了解你，越来越擅长为你服务，能为你处理成千上万的事务。它具体能做些什么？

通过深度学习你的偏好，它可以成为你的终极购物导师；如同一个不断进化的读心专家，它可以为你精准推荐最合心意的电影、歌曲和你心心念念的特色餐厅。

你是否正在学习新语言或终于决心掌握某件乐器？你的专

属 AI 教练已准备就绪。它会根据你的需求定制个性化练习方案，实时追踪学习进度，全程为你提供动力。有了这位随身导师，你可以畅谈所有目标与抱负。无论你想精通何事，它都能为你量身打造学习训练计划。

你想追求健康体魄吗？个人 AI 将成为得力助手。试想一个全天候健康监测系统：分析你的身体数据，预警潜在问题，建议生活方式调整；作为虚拟私教制订贴合需求的锻炼方案，随你的进步而动态调整。

你更不必担心遗忘！AI 能自动整理照片、视频和文档，构建成个人数字剪贴簿，宛如一部鲜活的人生视觉日记。个人 AI 就像你的无价之宝。当你追忆往昔时，这个记忆银行能即时调取事件相关的人名、地点和影像，让细节重现毫不费力。

你面临着重要选择吗？个人 AI 能够分析相关信息，提供深思熟虑的观点，并给出符合你价值观的决策支持，甚至能借鉴某位榜样的思维方式。

个人 AI 本质上可以成为生活中不可或缺的部分。你甚至可以选择拥有多个独立的个人 AI 以适应不同层面（包括工作、社交、家庭等）的角色。例如，如果你是一名医生，可以拥有一个个人 AI 专门协助你的医疗工作，同时拥有另一个个人 AI 协助私人生活。

个人 AI 的理念完全可以拓展至群体场景：为好友圈打造一

个专属 AI，或为社交媒体群组、企业团队、整个公司乃至政府部门配置 AI 助手。我们可将这类解决方案称为"社交 AI"。未来社会将充斥数十亿个 AI 助手，既有个人专属的，也有群体共享的。这些 AI 不仅持续学习、乐于助人、知识渊博、值得信赖，还具备强大的事务执行能力。

更快速、更经济的机器人

机器人等物理 AI 领域将出现类似但相对温和的发展趋势。虽然物理 AI 成本高于纯数字 AI，但其相关费用将显著降低。随着市场日益成熟，人形机器人价格可能降至 1 万美元左右，而使用寿命约 2 万工作小时。算上利息和折旧，每小时有效工作成本约 1 美元。即使加上每小时耗电 500 瓦（电费 8~15 美分），总时薪仍能控制在 1 美元左右。

你能从这 1 美元获得什么效益？机器人可以不知疲倦地昼夜工作，甚至周末和节假日也孜孜不倦，使工厂等场所实现 100% 的产能利用率，简直发人深省！相比之下，人类生产力极为有限。研究显示，蓝领工人的有效工作时长比（有效工作时间/工作时间）是 70%~80%，白领是 60%~70%，假设普通人每年工作 220 天，每天工作 8 小时，职业生涯 45~50 年，那么按平均值计算，其一生仅有约 8% 的时间处于高效工作状态。这个估算仍然过于乐观，因为它未计入沟通障碍、文化隔阂、内部冲突和惯性行为等人为低效因素。AI 和机器人则无须休息、休假或睡眠，并能在毫秒间精准稳定地接收并执行指令。

培养一个具备就业能力的子女在中等收入国家可能耗费逾 10 万美元（约合 20 年投入），在富裕国家，这一数字可能突破 30 万美元，在高知家庭甚至可达 45 万美元。年轻人平均 22 岁才能开始全职工作。反观人形机器人，工厂以 1 万美元成本量产后即可立即上岗。纯粹从经济学视角，机器人的培育效率是人类的千倍以上，用工成本仅为其 1/20。

机器人劳动力的规模将有多庞大？2024 年 12 月，花旗银行发布的一份重磅报告预测，到 2050 年全球将有 41 亿台 AI 驱动设备投入运行，包括自动驾驶车辆、人形机器人及自主服务机械。届时社会近半数"劳动者"可能是非生物体。该报告的具体分析细化了这些 AI 驱动设备的分布情况：

- 18.5 亿台自动驾驶设备（含货运卡车、配送机器人）或将重构全球物流体系。
- 6.5 亿人形机器人渗透客服、医疗、制造等领域。
- 12 亿家用清洁机器人接管日常家务。
- 其他细分领域（看护机器人、食品配送机、服务型无人机等）将填满自动化社会的每个缝隙。

这些数据惊人但可能仍属保守预估。埃隆·马斯克等专家预言：到 2040 年，AI 机器人总量或将突破 100 亿台——超越同期人口预期。参照 2050 年 45 亿~55 亿人类劳动力规模估计，这场变革的冲击不言而喻：当机械劳动者如预测般普及，全球就业市场将迎来结构性重塑。

机器人即服务

我们如何运用这些智能机器？通过"机器人即服务"（RaaS）模式，你只需一款应用软件就能随时调用它们。你可以预约无人出租车，也能下单租用"机器人园丁"。那么，"机器人园丁"如何知晓你修剪杜鹃花的偏好？你只需带它在花园里走一圈并说明要求。它甚至会主动询问："是否只用有机肥料？"这些信息将存入你的个人 AI 档案及租赁公司数据库，确保每次更换机器人都能无缝衔接执行你的园艺方案。

这种服务模式意味着机器人将以灵活的方式完成任务，正如越来越多的人选择自由职业而非传统全职工作。例如，今天到府清洁的机器人，明天可能乘无人出租车替你采购，甚至会在超市来电询问："发现鲜花特价，请问您是否需要？"

选择人工服务还是机器人协助，最终取决于人类个人的偏好与具体需求。人类擅长社交互动、情感关怀等柔性服务，机器人则在技术性工作中展现出高效、精准与稳定性。二者结合实现优势互补。

设计师机器人

机器人的世界远比我们现在想到的更令人着迷。想象你被一家时尚店铺吸引。推开大门，凉爽的灯光洒满空间，墙边陈列着看似普通的模特。当你浏览衣架，余光突然捕捉到异动：一个模特"活"了过来。你转头看去，它正优雅地从展台走下，自信地在地面上移动。聚光灯自动追随，为它镀上戏剧性的光晕。你发现它的每个动作都与背景音乐完美同步，平添了几分精妙质感。你还未从惊艳中回神，另一个机器人模特已开口问候："您好，请问需要什么帮助？"

闭店后，这些机器人另有使命：清洁空间、盘点库存、补货上架，为次日营业做好万全准备。

新技术往往沿着两条路径发展：或成为令人向往的设计单品，或悄然融入环境背景。想象客厅里那张流线型咖啡桌，在你外出时会变身为清洁机器人；或是能帮你备餐的厨房岛台，只需语音指令就能变身为烹饪机器人，完成切菜、调温；又或是配备数字涂层的机器人能变换颜色，像变色龙一样，在化装舞会上随时隐入环境中。这类机器人几乎隐形，却总在需要时即刻响应。

想象如乐高积木般轻便的模块化机器人，它们能随时变换形态与功能。厨房水槽堵塞？召唤机器人水管工即可。这些变形能手甚至能操控 3D 打印机自制零部件。一个核心配备 3D 打印模块的标准机器人，此刻制造开瓶器，下一刻就能打印出挠背器。

AI 在设计美学市场的潜力同样令人惊叹。未来或将出现专门为机器人设计造型的时尚设计师。你可以将机器人定制成卡通形象，或为渴望陪伴的用户打造数字分身，由个人 AI 驱动，完美复刻你的行为模式与偏好。应用商店里可能充满可下载的个性化模块，供用户定制专属机器人分身。

过度拟人化设计可能引发恐怖谷效应（uncanny valley）。因此，精明的设计师会运用技巧，让机器人保持友好有趣的特性而不刻意模仿人类。

从宏观到微观，机器人将重塑各行各业。它们能建造摩天大楼、修补道路和协助外科手术。微型与纳米机器人将革新精密作业领域，既能执行复杂手术，也能提升农业效率，甚至从内部完成机械维护。

更受瞩目的是集群机器人，即由 AI 协调的大规模机器人群体，它们可在无人干预下完成植树造林、大型构件组装等复杂任务。

国家安全

掌握机器人技术很快将成为决定一国经济繁荣与国家安全的关键因素。自动化意味着更多产品可以实现本土化制造。

未来的战场很可能将被自主机器人系统主宰,成群近乎自治的无人机将从各个角度攻击敌人。有些可能形如昆虫,肉眼几乎不可见,悄无声息地潜入敌方领地;另一些会伪装成鸟类。这些微型无人机可配备高清摄像头、热感应传感器,甚至微型激光器或爆炸装置,能以外科手术般的精度执行监视、目标识别和精准打击任务。

大型固定翼无人机可充当空中指挥中心,协调小型作战单元的行动,而高空无人机则能确保持续监控和通信。这类无人机集群能通过个体牺牲达成战略目标,以数量优势摧毁敌方防御系统。与此同时,自主战斗机将以远超人类飞行员的速度和精度参与空战。此类机器人部队将在速度、精度和耐力方面提供压倒性优势,既能减少伤亡,又能彻底改变战争形态。一道高效的机器人防御墙甚至可能使征服他国领土在物理层面成为不可能。这一切都意味着,国家未来的实力可能更取决于编程能力而非兵力动员能力。

最后,我们可以预见人工智能核心数据中心在未来将被视作与军事战略设施同等重要的关键基础设施,只有持有最高安全许可的人员才能接触这些设施。为防范攻击，数据中心可能建于地下掩体或其他安全场所。极端情况下，AI数据中心本身甚至可能配备导弹防御系统来抵御威胁。

智力胜于体力——机器主导崛起？

有个至关重要的问题尚未得到足够的讨论和考虑。如果某些国家在未来掌握了创造超智能AI的技术，它们就可能无意中释放出失控的功能性超智能级联效应。自我复制机器人也具有同样的潜在风险。

在这样的未来，人口庞大是否仍能等同于国家实力强大？答案是未必。国家实力将可能更多取决于是否为机器的发展提供最优条件。其可行性很可能取决于4个关键因素：（1）充足、可靠且廉价的能源；（2）稳定的政治环境；（3）对机器本身最低限度的征税或限制；（4）宽松的数据分享监管。

由此，我们需要思考一个新问题：如果AI和机器人几乎在所有经济生产和战略任务中的表现都远超人类，那么对于这样一个高度发达的社会而言，庞大的人口数量是否仍对社会有益处？大量的生产力相对较低的人口仍需消耗能源和广泛的社会服务，而它们需要通过对驱动经济发展的机器征税来维持。此外，人类还可能需要与机器竞争权力、限制数据共享。因此，我们意识到一种新趋势的来临：未来国家间的实力格局将可能越来越青睐智力与技术而非人口，即智力胜于体力，而这种趋势正以我们尚且懵懂的方式重塑世界。

18

合成文明

未来 AI 模型将以集群协作方式攻克复杂任务，形成超越人类认知极限的集体智能。这些 AI 智能体将在开放式市场中与对方及人类互动，通过自主学习和适应，为新型数字文明铺就道路。那将是一个超智能的文明纪元。

AI 在未来几年将如何发展？ 首先，到 21 世纪 30 年代早中期，活跃的 AI 智能体和 Transformer 模型的数量可能超过人类，并在随后几十年内以数倍于人类规模的增速扩张。当多个智能体协同工作时，便形成"智能体工作流"。届时可能出现的情况是，数十、数百甚至数千个 AI 物种共同协作解决复杂任务。

复杂性级联 #10

- 事件：AI 集群智能
- 时间：主要从 2025 年开始
- 原因：数百万 AI 智能体和 Transformer 模型可供使用

我们届时也将见证推理 AI——通常被称为推理者（reasoners）——的大规模应用。这类 AI 模型类似于卡尼曼提出的系统 2 思维，是一种分析性、系统性、逐步推进的问题解决方式。首例是 OpenAI 于 2024 年 9 月推出的 o1 模型，随后是中国推出的超紧凑型 DeepSeek（深度求索）模型。这些推理 AI 能够理解复杂关系，并系统性应对挑战，因此在咨询、研究和管理领域极具价值。

如何开发具备推理能力的 AI 系统？"思维链"（chain-of-thought）是一项有效技术。与人类逐步解决数学题或克服编程挑战类似，这项技术将复杂问题拆解为子步骤，每个步骤可由专用 AI 智能体执行，从而形成多智能体协同解决问题的机制。真正的数字医生或火箭工程师 AI 都应具备这种推理能力。

另一项关键技术是让推理 AI 调用专业外部工具，包括计算程序、绘图工具和数据库。AI 可借助代码解释器、测试工具和开发软件来编写及调试程序以处理特定任务。通过整合资源，推理 AI 能接手曾被视为人类专属的工作，将其解决问题的能力拓展至全新领域。

更精妙的是，推理 AI 还能运用"脚手架"（scaffolds）框架，即处理复杂任务的结构化模板。试想投行分析师团队需要为客户撰写一份 120 页的市场分析报告，其中每个部分都需包含定义、分析图表、摘要、脚注和结论，这就是一个复杂的脚手架框架。如果将每位分析师替换为擅长特定环节的 AI 专家，再由一个高智商总控 AI 整合结论，那么整个报告仅需一分钟即可完成。这意味着重要客户可随时获取任何主题的定制化报告，AI 集群将立即展开协作。

某些推理系统的关键特性在于采用"专家系统"（system of experts）架构，即内置多个专业微型模型，各自针对不同类型的问题进行训练。系统根据任务类型智能调用相关模块，而不用启动全部模型，从而提升速度与效率。该模式就像拥有一支专家团队，在需要时召集合适的专业人士。这种"混合专家"（mixture-of-experts，MoE）的方法能以更低能耗实现更优性能。中国 2025 年初推出的 DeepSeek 模型正是该领域的先驱。

· · ·

物理 AI

2026—2028 年，"AI 创新者"将崭露头角。这类能长期自主工作的先进模型可担任科学家、工程师乃至企业管理者等角色。中国初创企业 Monica 于 2025 年 3 月推出自主智能体 Manus，堪称全球首个可行的 AI 创新者。这类自主思考者能独立或协作产生创意、解决难题，极大地革新科研创新范式。

紧随这些技术突破，物理 AI 将在多领域掀起变革浪潮。2021 年，德国率先批准 L4 级自动驾驶汽车上路。2025 年，L4 级自动驾驶汽车在美国、中国、日本、欧洲、新加坡等多个限定区域实现商业化应用。这一技术将迅速普及，预计在 21 世纪 30 年代初中期，我们将迎来可在任何场景运行的 L5 级自动驾驶汽车。

2027—2028 年，先进的人形机器人将率先登陆工厂、医院等受控环境，执行需要精密操作的任务。约 2030 年起，多功能人形机器人将进入家庭场景，承担清洁、养老护理、安防监控等日常事务。斗转星移，这些机器人将提升社交互动能力，逐步演变为兼具实用功能与情感陪伴的家庭成员。

2028—2030年，自主无人机将在中美日等国的城乡地区普及，承担物流配送、区域监控和救援任务。同期，军用无人机将实现规模化部署，执行侦察、监视及精确打击任务。

真正无须人工干预的L5自动驾驶汽车预计在2032年后才会在重点城市特定区域落地，并在2030年代中期与机器人和无人机等共同构成城市智能基础设施的核心，重塑我们的出行方式与服务体验。届时许多家庭或将迎来AI管家。

到2028年，我们预计将迎来几乎在所有领域超越人类智力的集体人工超级智能（collective artificial hyperintelligence）。"集体"属性至关重要，因为它强调个体AI模型的独立能力与互联系统的综合能力之间的根本性差异。其核心在于网络化协同，如同蚁群与人类社会，分散的自组织系统通过互联展现出超凡的问题解决能力。这些AI网络将进化为具有部分自主性的并行数据处理有机体，其洞察与决策速度将远超生物智能体，而计算机的虚拟组网能力更非蚁群或人类可比拟。

> **复杂性级联 #11**
>
> - 事件：基于计算机的集体超智能
> - 时间：约 2026—2028 年
> - 原因：所有 AI 组件已实现大规模扩展，我们拥有 AI 集群、推理 AI 和创新 AI

下一波浪潮可能是数字去中心化自治组织（decentralized autonomous organization，DAO），其中 AI 系统以最小人力干预协作运营企业和项目。比特币是此类 DAO 的首个全球范例，但未来系统将更加复杂、更加自治。

不久以后，我们将看到物理 DAO 的出现——完全自主的实体系统，将广泛应用于工业和民用领域。如今许多工厂已实现部分自动化，但是通过让机器自主学习和适应，AI 将推动完全自给自足的物理 DAO。想象一个由 AI 驱动的配送系统：无人机和车辆自主协调路线、优化配送，甚至完全独立处理客户沟通并持续学习。或是一个全自主防御系统：AI 算法实时分析威胁、部署对策并做出战略决策。

DAO 对经济欠发达社会影响深远。这些社会的发展往往受复杂的文化和社会结构限制。通过让超智能 DAO 接管关键任务，社会可以绕过自然发展的限制，为增长奠定新的基础。

> **复杂性级联 #12**
>
> - 事件：自主机器人集群 / 物理 DAO
> - 时间：2028—2030 年
> - 原因：三大要素已就位（超智能机器人、创新 AI 和数字 DAO）

最后，量子 AI 登场了。虽然我们难以预测 AI 何时真正由量子计算机驱动，但合理推测是 2033—2035 年。届时量子 AI 将能常规执行远超最先进经典计算机的计算任务，为研究、模拟和解决问题开启全新的可能。

DAO 化社会

埃隆·马斯克曾表示，SpaceX（太空探索技术公司）制造巨型火箭的速度都比行政审批流程快。他一针见血地指出社会痛点：公共服务通常效率极低甚至毫无提升。但是在未来，公共管理和行政的复杂机制可能主要由超越人类智能与速度的 AI DAO 自动化驱动，使官僚主义成为历史，取而代之的是优化资源分配和简化服务流程的高效算法。你需要更新驾照吗？ DAO 将即时核验你的信息，并将电子版驾照发送至手机。你要申请建筑许可吗？上传图纸后，你在 6 秒内即可获得批准或附有详细理由的驳回通知。你担心社区公园管理吗？接入实时传感器数据与居民反馈的公园 DAO 能自动优化维护排期与资源配置。由此，AI 集群将构成一个自主创新的生态系统。

即便是复杂的政治决策，也将能以前所未有的速度与精度处理。以城市规划为例，通过分析交通流量、环境影响及市民偏好，DAO 直接提出最优分区方案与基建规划，替代经年累月的争论。市民随后通过安全的区块链投票 App（应用程序）表决这些提案。

这一转变将彻底改变民主的本质。投票从选举代表变为批准或否决超智能系统生成的提案。是否投资 DAO 优化的社会效益最大化的新基建项目？用 App 投赞成或反对！算法还能基于不同道德观和生活方式等设计差异化社区。你只需做个测试，AI 就会告诉你哪个社区最符合你的需求。就像婚介，只不过 AI 不是为你匹配伴侣，而是匹配理想社区。

从 AI 集群到 AI 文明

未来许多 AI 模型将由其他 AI 而非人类开发。其中部分将作为公共资源开放使用，另一些则是定制化产品，受到多重加密和访问权限的保护。无论来源如何，这些模型都将在庞大的自主市场中频繁交换服务。某些数字市场可能以 DAO 形式运作。AI

智能体像证券交易所的交易员那样，自主交换知识、策略、服务和创新成果。例如，专精自然语言处理的智能体可与擅长图像识别的同行进行能力置换，交易媒介可以是美元、代币或加密货币，也可能采用直接能力互换的协作模式。

关键在于，这类系统将催生持续的创新浪潮：数十亿模型的能力被不断重组融合，最终产生超越人类想象的解决方案。整个AI生态系统将逐渐演变为一个全球性DAO，自主生成无限可能的组合式创新。这一生态的根基与人类统治生物界的三大突破如出一辙：（1）获取充足能源；（2）运用复杂语言；（3）实现知识与物资交换。

另一个关键洞察是人类集体的智慧远超任何个体，而这一规律同样适用于协作式AI。当前，人们往往片面关注单个AI模型能否通过图灵测试或达到通用人工智能标准，却忽视了数百万个专业程度各异的AI模型协同所能创造的奇迹。我们必须预见这种协作产生的成果，其复杂性与潜力将超乎想象，甚至如迷幻体验般令人震撼。

技术圈长期在人类智慧指导下实现自我强化发展，但AI的出现彻底改变这一格局。与其他技术不同，AI拥有自主创造力，它将学会管理自己的"生命"进程。

19

超级科学：创新激增

本章将开启一场震撼人心的超级科学之旅。在这里，AI 不仅是科学家的助手，更将成为科学家本体！从破解困扰人类数百年的蛋白质折叠之谜，到设计革命性新材料，AI 正在攻克最艰深的科学难题。本章还将深入探讨意识本质、道德哲学与现实本源等终极命题。

纵观科学发展史，可将其清晰划分为 3 个阶段。

第一阶段是科学对神秘主义、迷信和传说的反叛，强调通过观察与实验探索真理。文艺复兴时期蓬勃发展的实证科学，为现代天文学、物理学、生物学和地理学等学科奠定了基础。

自 20 世纪 80 年代起，计算机的普及开启科学的第二阶段：基因组研究、高能物理和各领域的精密技术得以发展。计算机使大规模数据分析成为可能，我们称这个阶段为"大数据驱动科学"时代。

如今我们正跨入第三阶段：超级科学时代。借助 AI 与极限数据处理的强大能力，科学发现正以指数级速度自主推进。智能自动化正取代人工研究，犹如从肉眼观星跃至一键测绘星系。

· · ·

科学大爆发

科研活动呈指数级增长早已不是新闻。1961 年，德里克·普赖斯绘制了1650—1950年的科学发展曲线，结果显示科学产出每13年翻一番，意味着1950年的科研规模已是1650年的1 200万倍。这种指数级增长在1950年后持续加速，如今AI模型更成为科研的超级引擎。一个典型案例是谷歌旗下人工智能公司DeepMind的深度学习工具GNoME（材料探索图网络）。它在2023年仅用17天就识别出220万种潜在新型晶体结构，远超人类数十年间仅发现4.8万种结构的纪录。

蛋白质折叠分析的突破更为惊人。蛋白质如何折叠是理解生命基础的关键，传统方法往往需要博士生耗费数年才能解析单个蛋白质结构。然而，2021年Meta AI和DeepMind的AI模型彻底改变了这一领域，仅用两周就绘制出超6亿种蛋白质的三维结构，速度达到传统方法的530万倍！

随着生化世界被快速解码，AlphaProteo等工具应运而生。这款由DeepMind开发的软件设计出能与病毒或癌症靶点紧密结合的新型蛋白质。与仅仅预测蛋白质结构的AlphaFold不同，AlphaProteo更进一步——其设计的蛋白质可直接应用于药物研发等实际场景，结合强度提升3~300倍，在疾病治疗与诊断领域展现巨大潜力。与此同时，人类细胞图谱（human cell atlas，HCA）计划正运用AI分析细胞活动规律，旨在绘制人体所有细胞类型图谱以推动医学发展。

高效制药业

由于这些技术，AI 有潜力彻底革新药物研发。因为约 90% 的药物会在临床试验中失败，所以目前开发一种药物通常需要 10 亿~30 亿美元的成本。每成功研制一种药物，都要为 9 种失败案例买单。AI 可以通过分析大量关于蛋白质和其他物质的合成数据，以及既往试验和患者记录的信息来改变这一现状。可以预见，AI 最终可能将新药研发成本降低 2/3。AI 还能提高筛选流程的效率。我们主要通过 3 种方式研究生物体。

- 体内研究（in vivo）：在自然环境中研究生物体，如在动物或人体上测试药物。
- 体外研究（in vitro）：在培养皿等环境中培养细胞进行研究。
- 计算机模拟（in silico）：通过计算机建模研究生物系统。

传统的体内研究既耗时又昂贵，尤其当涉及人体试验时。体外研究成本低得多，速度可能更快，但准确性较差。计算机模拟几乎可以零成本且在毫秒级完成研究，意味着早期采用计算机模拟筛选可能将试验失败比例降低约 70%。这些改进的综合效应可能使新药研发成本降至原来的 1/20，研发周期显著缩短。

AI 的潜力不止于此。因为我们每个人都是独特的，所以

30%~50% 的获批药物对个体患者无效。由于基因、新陈代谢或疾病特征的差异，对一个人有效的药物可能对另一个人无效甚至有害。AI 可以通过分析患者的个体基因和健康数据来预测哪些药物对他们最有效，从而助力解决这个问题。结合前述的效率提升，医疗生产力或将极大提高。

因此，AI 可以成为研究人员不可或缺的合作伙伴。文献挖掘发现系统（literature-based discovery system）就是一个绝佳范例——它们如同超级智能的图书管理员，梳理海量科学文献，发掘连最敏锐的研究人员都可能忽略的隐藏关联。这些还只是开始，想象将社交 AI 应用于科研领域：不同研究团队的 AI 可以组成集群协同工作，形成虚拟研究小组。它们能够持续分析数据、生成并交换假设以及设计实验，用前所未有的速度催生突破性发现。

AI 模型还能担任高级数据侦探的角色。随着物联网中无数传感器持续传输数据，AI 系统可以实时监测并识别异常模式和错误。例如，持续监测偏离正态分布的统计异常（这些异常往往预示着重要发现）并据此建立解释模型和预测。

机器人实验室崛起

虽然数字世界在飞速前进，但物理世界却进展缓慢，这是科学加速发展面临的主要挑战。尤其是在涉及人类参与时，人每天仅工作 8 小时，还要扣除周末、假期、休息时间和培训日等。AI 要想快速取得成果，可以采取两种策略：一是绕过物理世界，例如用快速数字模拟替代缓慢的物理实验；二是掌控科研实验的物理环节，这或许可以通过"去中心化自治"实现。换言之，就是将思维过程和实体科研都转换成为拥有无限能量与好奇心的自主"生命体"。

AI 与机器人将催生由 AI 控制的自动化实验室，以惊人速度开展实验。这些实验室不仅实现操作自动化，更能自主提出新假设。实际上，它们可能是由不知疲倦的机器运营的地下实验室，许多机器可能形似昆虫，整个实验室就像高效运转的蚁穴。

更进一步想象通过分布式学习创建百万虚拟人类：每个虚拟个体都具备独特的 DNA、性格、习惯和生活经历。这些虚拟人群作为新药和新疗法的快速计算机模拟测试对象，通过将他们的新陈代谢和习惯加速百万倍，就能在短期内观测药物的长期效应。例如，在具有广泛基因变异、不良生活习惯和健康状况差的虚拟人群中测试抗癌新药，通过分析结果，AI 可以精准识别药物有效人群。这种洞见将推动个性化医疗发展，实现量身定制的治疗方案。

基于此技术，我们还能为临床患者创建完整的数字孪生，为每个病例寻找最优治疗方案。

洞悉生命本质

超级科学将实现许多前所未有的突破。比如，我们可以尝试通过计算机模拟验证"原始汤"如何孕育第一个细胞。这需要原子与分子数百万年的运动与反应，通过加速模拟过程，我们能在短时间内获得可靠结果。

这种"强化版科学"还能破解大脑功能的奥秘。事实上，研究者已在 AI 中发现某些结构与过程，并在生物大脑中得到印证。AI 或可帮助我们厘清从鱼类、蜥蜴到猫科动物乃至计算机模型的不同生命体是否具备意识及其意识程度。我们还能辨明特定物种拥有或缺失哪些意识要素。

我们或许很快就能通过 AI 模拟心理障碍，从而更好地理解其成因并制订治疗方案。这些认知将彻底改变我们理解共情的方式：我们可以判定缺乏共情者究竟是缺失特定意识要素，还是源于其他因素，也能发现拥有罕见意识特质的个体。

也许我们还将创立"情感图灵测试"。现有图灵测试仅关注智力，而情感图灵测试将评估道德与情感的深度，这将成为判断生物体或 AI 是否具有真实体验的革命性工具。想象对 AI 进行情感测试时发现：它恐惧被关机、认为你无趣、因达成目标而喜悦、为失去所爱而悲伤，这些情感反应将表明其理解力与意识水平远超简单模仿。AI 是否可能具备普通人所不具备的情感能力呢？

这些发现将重塑我们对共情、沟通、自由意志边界以及意识本质的理解。它能判定罪犯在道德上应承担多少罪责。精神变态者虽然具有危险性，需要隔离，但其若确实无法感知行为错误性，或许在道德意义上并无罪责。

超智能 AI 还将革新社会学研究——通过分析不同群体的语言、价值观、信仰与行为演变以及建模等复杂互动，AI 能预测未来文化趋势，在亚文化兴起前就准确识别。

气候调控

在地球 46 亿年的历史中，气候始终处于剧烈波动状态。如前所述，远古时期地球温度比如今高出 15~25 摄氏度；仅 200 万年前，格陵兰岛还遍布森林、大象与乳齿象，而当时气温较现在高 11~19 摄氏度。

过去 260 万年间地球经历着冰河期循环。北半球大部被冰盖覆盖的严寒期持续约 10 万年，而适宜生命与人类发展的温暖间冰期仅维持 1 万 ~3 万年。我们正身处始于 1.17 万年前的间冰期，当时冰盖融化导致全球升温约 8 摄氏度，海平面骤升 130 米。在此期间，气温波动始终控制在 1.6 摄氏度以内。

当前，人为温室气体排放加剧的变暖趋势令人担忧。为应对气候变暖与未来可能的冰河期威胁，人类需要掌握调控地球气候的能力，包括能主动调节二氧化碳浓度等的创新策略。虽然减排是当前首要任务，但未来我们或许需要增加二氧化碳来抵御严寒。如果人类掌握这些技术，就能守护地球气候，确保未来数千年的环境稳定。

破解宇宙未解之谜

尽管人类的物理学成就斐然，但一些根本问题仍悬而未决：超智能 AI 能否凭借其算力最终揭开这些奥秘？

AI 与量子计算机可以模拟早期宇宙、验证理论甚至探索"存在之前"的状态：平行宇宙？虚无？脱离时空的量子力学？量子引力？这些探索的终极梦想是建立涵盖原子、恒星和时空的大统一理论（Grand Unifying Theory）——这不仅是理论突破，还可能催生诸如用于操纵物质与能量的革命性应用，甚至开发利用时空结构的技术。这些设想实现之时，宇宙必已发展出完全理解自身的能力。

20

永生之路

超级科学会带来超健康吗？医疗的未来图景令人神往。基因解码只是起点。从个性化疫苗到健康监测仪表盘，本章将探索突破性技术如何帮助我们保持最佳状态。通过脑机接口与 AI 诊断，未来医生可能就装在你的口袋里。本章还将探讨大幅延长寿命，甚至实现永生的可能性。

巴塞罗那的月光酒吧（2112 年）

得益于细胞再生技术而容颜不老的 172 岁老人米格尔走进酒吧。入口处一对年轻情侣正激烈争论是否要克隆他们的爱犬，却被突然高声反对的个人 AI 打断。

米格尔会心一笑。爱情与争执，他心想，有些事物永不改变。21 世纪或许科技如旋风般发展，但人类的情感始终如一，就连 AI 也有了情绪，因为那电子音里分明带着恼怒。

米格尔在一张磨旧的皮沙发上落座。全息侍者倏然浮现，嗓音丝滑悦耳："要来杯焕活藻蛋白冰沙吗？还是我们的招牌火星马天尼？"米格尔笑着摇头："普通黑咖啡就行，要像虚空般漆黑。"

"米格尔？"身后传来呼唤，是 187 岁的安雅。她青春的脸庞丝毫看不出岁月痕迹。他们曾是同事，同为细胞修复领域的开拓者。此刻她站在他面前，容光焕发。两人共忆往昔。世界沧海桑田，但某些事物，比如友谊，比如一杯好咖啡，始终未变。从许多方面来说，他们自己也未曾改变。

他们并肩离开酒吧时，米格尔仰望恢宏的城市天际线。他想，时间或许如长河，但未必会卷走所有人。

*

我们虚构的这对不老传奇米格尔与安雅正是科学突飞猛进的产物。在科技高度发达的世界里，医疗保健变得更加精密完善，不仅体现在治疗疾病的方式上，也在于预防手段的革新上。对普通人而言，这场革命可以从基因测序开始。曾专属于亿万富豪的全基因组测序正逐渐普及，它不仅能识别疾病风险，还能揭示个体生物学特征的独特细节，甚至是最微妙的差异。它能显示你的身体机能总体倾向，或是对某些疾病有较高的罹患风险。了解自身基因优势与风险后，你就能调整生活方式以预防潜在健康问题。

很快，你就能通过接种疫苗来消除某些重大遗传风险。过去几十年，癌症死亡率平均每年下降约 2%，这速度可谓相当惊人。试想，如果你的基因检测显示罹患某种特定癌症的风险较高，而因为癌细胞表面通常带有独特的蛋白质结构（被称为"抗原"），你只要通过疫苗注射这些无害蛋白质以训练免疫系统识别抗原，就能引导机体对癌细胞发起攻击。

更值得关注的是反向疫苗的诞生。其原理与传统疫苗相反：不是引导身体攻击特定目标（如细菌、病毒或癌细胞），而是引导其停止攻击特定对象。这对占全球人口总数 4%~8% 的自身免疫疾病患者而言意义重大，包括类风湿关节炎、Ⅰ型糖尿病、炎症性肠病、银屑病、克罗恩病和多发性硬化症等患者。如果这些患者都能接种阻止自体攻击的疫苗，将是多么令人释怀！

与之原理相似的还有抗过敏疫苗。全球 10%~30% 的人患有花粉症、哮喘、食物过敏等问题。以坚果过敏为例，免疫系统错误地将坚果中的蛋白质识别为有害物质，从而引发过敏反应。这类问题都能通过反向疫苗解决。

· · ·

进阶版健康仪表盘

如今，许多人已在使用监测心率、步数等指标的健康追踪设备（即可穿戴设备），这些设备能以简易的"健康仪表盘"形式呈现数据。未来这类仪表盘的内容更将迎来全面升级。想象你每年接受一次高阶血液检测，不仅能检测维生素、矿物质、胆固醇、甲状腺功能、血糖和炎症水平等常规指标，还能通过液体活检从分子层面筛查 50~100 种癌症的早期征兆。及早发现某些癌症，意味着仅需最小干预即可实现近 100% 的治愈率。液体活检还能预警阿尔茨海默病等神经退行性疾病。

新兴的微生物组分析领域同样令人振奋：通过快速检测肠道

及皮肤微生物群的 DNA，可深度评估整体健康状况，揭示影响身心健康的菌群失衡问题，其临床价值不可估量。

若想进一步拓展健康维度的洞察，可考虑将全身磁共振成像扫描纳入常规检查。这类扫描能生成人体精细影像，发现潜在的神经系统病变或器官结构功能异常，如囊肿、肿瘤、炎症。磁共振成像特别擅长检测动脉粥样硬化，该病症也可通过冠状动脉钙化扫描专项筛查——后者专注心脏区域，通过量化钙化斑块来评估罹患心血管疾病的风险，对预防性治疗具有关键指导意义。

所有这些健康数据最终都将整合在你的专属健康仪表盘中。

超健康

脑机接口（brain-computer interfaces，BCI）这项曾被视为科幻的技术即将普及。非侵入式设备仅需在头部贴附感应贴片，就能实时监测脑部活动。这些装置能捕捉焦虑和抑郁等情绪模式，并识别特定情境下的关键反应特征。例如，当焦虑症患者大脑出现发作前兆时，BCI 设备会立即示警。治疗师可据此指导患者运用技巧调控反应。这种即时反馈不仅能提升心理健康水平，还能显著改善生活质量。

BCI 的应用远不止于康复治疗，它还能优化健康人群的脑部表现。这个方向属于积极心理学与积极精神病学的研究范畴。研究表明，具有"成长型思维"（growth mindset）的人在处理失败信息时，其大脑活动模式与具有"固定型思维"（fixed mindset）的人截然不同。当接收负面反馈时，BCI 设备显示后者的大脑恐惧中枢杏仁核异常活跃，而前者的前额叶皮质（负责规划策略的脑区）活动明显增强。这类发现为通过调整生活方式和进行专项训练来促进心智成长奠定坚实基础。

长期受慢性消极情绪或焦虑困扰的人群，可在训练时佩戴实时监测头环。系统会根据脑波特征推荐正念冥想、呼吸调控等针对性练习。更具突破性的是 BCI 能通过微电流脉冲直接刺激特定脑区，促进形成更健康的神经连接网络。这种集监测、训练与电磁刺激于一体的疗法，将为慢性心理疾病开辟全新治疗路径。我们必须意识到，更美好的世界不仅意味着物质进步，也意味着人类因心智健康水平提升而获得更丰盛的生命体验。

细胞结构随年龄增长而逐渐退化是衰老的核心问题。这种退化表现为关节疼痛、牙龈萎缩、神经退行性疾病、肌肉萎缩及皱纹等外在征象。

3D 生物打印技术将使一些衰老问题迎刃而解。这项技术使用由活细胞和其他生物相容材料组成的"生物墨水"（bio-ink），逐层打印出组织结构，然后细胞会自行生长发育。这些生物墨水可源自患者自身的干细胞。它们会被定向分化为所需的具体细胞类型。干细胞通常从骨髓或皮下脂肪细胞中提取，经实验室培养后就能投入生物打印流程。

更革命性的医疗方法正在到来。基因治疗与 CRISPR 技术正为改写患者遗传密码开辟道路：治疗囊性纤维化（cystic fibrosis）等遗传病和特定癌症的 CRISPR 疫苗与疗法已现曙光。这些基因工具能从根源上治愈疾病，甚至可能彻底消除基因突变导致的病症。也许囊性纤维化和亨廷顿病等疾病，在未来将只存在于医学史教科书里。

随着研究深入，CRISPR 技术还有望通过清除感染细胞中的病毒 DNA 来对抗 HIV（人类免疫缺陷病毒）等病毒感染。

这也还不是终点。针对 A 型血友病（一种遗传性出血障碍）、遗传性视网膜疾病以及某些白血病和淋巴瘤（血液及淋巴系统疾病）的新疗法正在研发中。其中，2017 年获 FDA（美国食品药品监督管理局）批准的 CAR–T 细胞疗法 Kymriah 表现尤为亮眼，它通过基因改造患者自身免疫细胞来精准杀伤癌细胞，已在部分病例中取得显著疗效。

口袋里的私人医生

所有健康数据，从基因到身心状态、生活习惯和心理倾向，如果无法被解读就毫无价值。这时就需要个人 AI 来串联全局。它不仅能生成个性化健康播客，用简明语言解析你的健康趋势并提供改善建议；也能通过温馨的聊天对话，分步骤指导你优化各项指标；还能呈现附带 3D 人体可视化图的深度分析报告。

自由选择与个性化定制是核心原则。并非所有人都需要密切监控健康状况，也未必都愿意接收"人体其实时刻处于亚健康状态"这类系统提示。个人需求与医疗专家协同决定这些技术工具的应用。它的终极意义在于让个人 AI 化身为全天候健康教练，将仪表盘数据转化为可执行的行动方案。通过强化疾病预防与早期筛查，我们有望比前人保持更持久的健康状态。健康水平提高能释放医疗资源，让专业人员专注于处理复杂急症病例，从而减轻整个医疗系统的负担。也许未来每个人都拥有优化健康的个性化智能助手。

（近乎）永生？

石器时代的人类平均寿命仅 30 岁，这段时间占据了人类历史的 99%。在文明曙光出现后，人类寿命依然十分短暂。直至 1800 年，全球预期寿命仍徘徊在 30 岁左右（主要受婴儿死亡率影响）。此后人类寿命开始不断攀升：1900 年突破 40 岁，2020

年已达 71 岁。问题在于：我们虽擅长延长寿命，却未真正延缓衰老过程，本质上只是更善于维持老年人生存。

衰老的根源究竟是什么？首要原因是数据丢失，也就是细胞中的遗传密码不断累积错误，导致其功能逐渐衰退，例如细胞会丧失正常分裂能力。这些缺陷细胞在组织中堆积是我们感受到衰老的关键。

端粒（telomeres）缩短是另一大诱因。每次细胞分裂，这些位于染色体末端的保护帽（类似鞋带头的塑料套）就会缩短。当端粒耗尽时，新细胞要么丢失遗传信息，要么停止分裂。

随着时光流逝，我们的身体还会积累类似"锈蚀"的损伤。这些损伤来自污染、体内代谢过程，甚至我们赖以生存的氧气。细胞能量工厂线粒体的效率也会随年龄增长而下降。最后，生长激素和性激素等关键激素水平降低，全面加速机体老化。

那么，衰老真的无法避免吗？衰老进程真的不可改变吗？

简洁的答案是：虽然衰老可能不可避免，但我们能显著延缓其进程，甚至实现阶段性逆转。初期突破可能来自我们讨论过的新工具，即全基因组测序、健康仪表盘和 AI 健康指导。另外，干细胞技术也能更新组织器官，逆转部分细胞损伤。

多种针对衰老机制的药物和补充剂正在研发中。例如，针对清除"僵尸细胞"的 Senolytics 药物和 NAD 增强剂（NAD+）有望在 2030 年前问世。NAD 的学名是烟酰胺腺嘌呤二核苷酸

（nicotinamide adenine dinucleotide），它是一种重要辅酶，存在于所有活细胞中，在能量代谢、DNA 修复和细胞衰老中起着关键作用。影响细胞生长周期的雷帕霉素（Rapamycin）和 mTOR 抑制剂或将同期上市。mTOR 的学名是哺乳动物雷帕霉素靶蛋白，它是一条中枢细胞通路，根据营养、激素和压力调节生长、新陈代谢和衰老。

到 2045 年，我们或许能使用端粒酶激活剂延长染色体保护帽，甚至开发出逆转衰老的基因疗法。

这些突破都将帮助人类拨慢生物钟。研究已经证实，端粒延长的小鼠寿命更长且更健康。一项针对 6.5 万人的研究发现，天生端粒较长者往往更长寿。这表明保护或延长端粒可能是抗衰老的关键。

干细胞疗法是另一个前景广阔的方向。2012 年诺贝尔生理学或医学奖的突破性发现显示：仅需引入 4 个基因，就能将普通细胞重新编码为干细胞。经干细胞治疗的小鼠不仅健康状况改善，寿命也显著延长。

除上述方法外，针对细胞修复机制、代谢过程和免疫功能的多项干预措施，已在动物试验中展现出明确的抗衰老效果。这些发现共同拓宽了人类对抗衰老的可能性疆界。

长寿逃逸速度

如果我们能实现所谓"长寿逃逸速度"（longevity escape velocity），这将是人类最具颠覆性的进展。长寿逃逸速度这一概念由老年学家奥布里·德格雷在 2004 年提出，是指医学进步使人类平均寿命每年延长超过一岁的临界点。这意味着我们延缓衰老的速度将快于实际衰老进程，理论上可无限推迟衰老及相关疾病的发生。长寿逃逸速度不仅关乎寿命延长，也在于为新增岁月注入活力。虽然长寿逃逸速度不能保证永生，因为意外与突发疾病仍可能发生，但通过科学健康管理，人类或将获得极其漫长甚至近乎无限的寿命。

长寿逃逸速度是近在咫尺还是遥不可及？专家意见各异，有一批未来学家、作家和科学家认为它即将到来，大概在 2030—2045 年实现。雷·库兹韦尔预测是在 2029 年；彼得·迪亚曼迪斯等企业家和特里·格罗斯曼等医生认为是在 21 世纪 30 年代；德格雷估计 2036 年实现的概率为 50%；生物学家大卫·辛克莱尔预计是在 21 世纪 40 年代；投资人谢尔盖·扬则设定 2045 年为目标。

尽管大幅延长寿命的前景令人神往，但部分顶尖科学家仍持谨慎态度。他们认为，即使多种抗衰老技术有效，21 世纪内（或永远）可能都无法达到长寿逃逸速度。关键挑战在于衰老机制的极端复杂性，要实现逃逸目标，我们必须能修复维持生命所需的所有身体机能。

你能获得永生吗？

不论长寿逃逸速度何时实现，延缓衰老进程的时代已然开启。让我们做一个激动人心的想象试验，假设你今年50岁，生理年龄与实际年龄相符（图20-1），从2025年起，你开始采用最先进的抗衰老方案。2025—2030年，你首先运用现有技术在健康筛查和个人AI指导下保持健康生活方式，使生理衰老速度降低30%。5年后，虽然你的实际年龄是55岁，但生理年龄仅约53.5岁。2030—2035年，在保持原有方案的基础上，新增数据优化策略和NAD增强剂，将衰老速度再减缓37%，那么60岁时，你的生理年龄仅约56.7岁。

2035—2040年，随着雷帕霉素和mTOR抑制剂等先进疗法问世，你的衰老速度得以进一步减缓50%，那么65岁时，你的生理年龄保持在59.2岁的年轻状态。2040—2045年，端粒酶激活剂和基因疗法加入你的抗衰方案，总体衰老速度降低70%，70岁时，你的生理年龄仅约60.7岁。2045—2050年，突破性基因疗法实现95%的衰老减速，75岁时，你的生理年龄几乎冻结在60.9岁，这意味着你已踏上通往永生的道路。这个推演表明：

未来科技或许能让我们战胜衰老,在保持生理年轻的同时,获得近乎无限的生命。

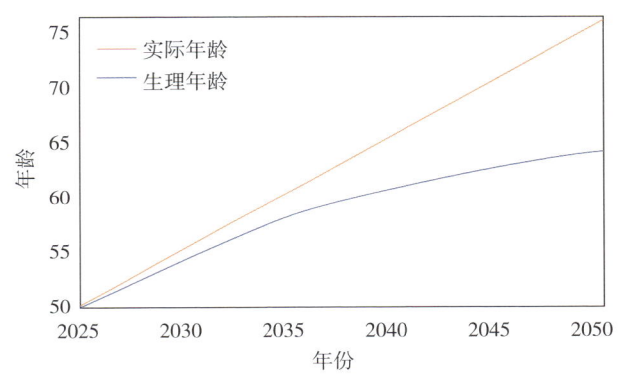

图 20-1　模拟实际年龄和生理年龄之间的差异

一个初始年龄为 50 岁的人,在逐步采用越来越多的抗衰老疗法后,其实际年龄与生理年龄之间将产生显著差异。

具体而言,从 2040 年到 2050 年这 10 年间,你的生理年龄增长将不足 2 岁。更引人深思的是,你的生理年龄永远不会超过 61 岁这一上限。按照这一逻辑推演,目前 70 岁以下的每个人都很有可能实现长寿逃逸速度。当然,这个结论的前提是那些较为乐观的衰老研究者的预测是正确的,但是这本身仍是一个巨大的未知数。

我们尚不确定衰老能否被完全消除,但是研究表明,在可预见的未来,人类将能够显著延长健康寿命。然而仍然有个关键问题:我们每个人体内都潜藏着诸多生物定时炸弹。假设共有 10

枚这样的炸弹，即便成功拆除了其中 9 枚，只要剩下 1 枚仍在倒计时，它终将在某个时刻夺走我们的生命，这只是时间早晚的问题。这些炸弹既包括端粒缩短和 DNA 损伤等微观层面的问题，也涵盖心血管疾病和神经退行性病变等系统性威胁。要实现真正的长寿逃逸速度，就必须彻底解除所有这些威胁。但是即便不能完全达成这一目标，只要能有效抑制某些关键的衰老进程，就能显著延缓这些定时炸弹的倒计时速度，从而为大幅延长人类寿命创造相当可观的前景。

长寿时代的诸多可能

如果人类预期寿命延长至 120 岁、150 岁乃至 200 岁，我们的生活方式将发生根本性变革。人们很可能会将长期健康置于首位，选择那些能让身体维持数百年的活动。风险偏好可能转向具有长期回报的事业，比如追求更持久收益的创业项目。

传统的"先受教育、后工作、再生育、最终退休"的人生模式也将改变。更多人可能会经历多次育儿周期，在不同的人生阶段与相同或不同的伴侣共同体验为人父母的经历。同样，在延长的生命跨度中，有些人可能从事多种完全不同的职业，拓展各种兴趣与才能的边界。

寿命延长还将对人口结构产生深远影响。虽然许多预测指出富裕国家人口将快速下降，主要源于低生育率，但是长寿效应能抵消这一趋势。首先，更长寿的老年群体将扩大总人口规模；其次，漫长的生命前景可能改变人们的生育计划，更多人会选择推迟生育而非彻底放弃，从而有望提升整体生育率。

21

打印一只渡渡鸟

想象这样一个未来：只需轻点一下，你的奇思妙想就能化为现实。从治愈遗传疾病到 3D 打印醒酒器和基因组，本章探讨尖端科技如何重塑我们的世界，深入探究赛博格与数字永生，并思考数字孪生是否真的能成为"我们"。

时间来到 2029 年，安和男友伟然坐在上海一家温馨的咖啡馆里，一边品尝咖啡一边畅想着最异想天开的创造物。伟然提议："不如做个渡渡鸟造型的醒酒器？"

　　这种憨态可掬的笨拙鸟类曾栖息于毛里求斯岛，却在 17 世纪彻底灭绝。安笑着表示赞同。她掏出手机打开 AI 应用程序并发出指令："给我看一个渡渡鸟造型的醒酒器。"眨眼间 AI 就完成了渲染。"生成 3D 设计图，"她继续发出指令，然后转向伟然，"你真想要吗？"得到肯定答复后，安轻点几下就将设计图发送至最近的 3D 打印工坊，并在订单备注中补充："请用玻璃材质打印。"当他们悠闲地享用咖啡时，这个订单已开始被逐层精心构建。回家路上，两人顺道取走了成品。

*

　　想象"一键实现幻想"的世界，你的愿望常常能神奇地化为现实。无论是渡渡鸟形状的醒酒器、仙人掌造型的烛台，还是其他任何奇思妙想，点击一下，它们就会出现在你面前。或许你渴望一辆完美的自行车？只需描述它轻如羽毛的车架和坚不可摧的结构，你就能看着 3D 打印机将其制造出来，随时准备开启你的下一次骑行。想要设计理想住宅？只需用语言勾勒布局、采光和花园细节，AI 精确指引下的机器人集群就会将其打造成实体杰作。

· · ·

基因机器

我们虚构的安和伟然已经用 3D 打印技术做出渡渡鸟醒酒器。现在想象更惊人的可能：打印一只活生生的渡渡鸟。没错，就是这种鸟类本身。该如何实现这个想法？首先我们需要获取基因组，科学家早在 2016 年就已从保存完好的渡渡鸟标本中完成了基因测序。然后我们继续后面步骤：

- 在实验室里合成完整的渡渡鸟基因组。
- 取用鸽子的卵细胞，移除含有鸽子 DNA 的细胞核，然后将合成的渡渡鸟基因组植入卵细胞。
- 将编辑过的卵细胞植入代孕鸽子或人造子宫，随后进行孵化。

实际操作将比这里所描述的复杂得多，但是确实有多支研究团队正以不同的方式尝试复活渡渡鸟等灭绝物种。还有一个问题：如何从一两只渡渡鸟个体培育出健康且避免近亲繁殖的渡渡鸟种群？AI 能为每只渡渡鸟设计独特的 DNA 编码，确保基因多样性与后代健康。

最雄心勃勃的构想是：重建一个完整的"失落"生态系统，让所有已灭绝的动植物重归自然。科学家通过分析古 DNA 能解读这些物种数百万年前的互动关系。每个灭绝物种将这样被复活并放归原生地，从而重塑一个全新的远古世界。这种生态重建不仅关乎复活消失的生物，更可以修补曾因人类灭绝某些关键物种而在生态系统中撕开的裂痕。

不只是复活灭绝物种这类非凡计划，基因编辑实际上已被广泛应用于克隆牲畜、赛马，甚至备受宠爱的家养动物等。这种技术不限于优化性状或能力，也能复制具有优异基因或特殊情感价值的个体。

基因雕塑

既然人类已经在改造动植物基因，那对自己身体的改造将止步何处？在现有实践中，牙齿矫正与整形手术等身体改造早已被人们普遍接受，表明人类已准备好重塑自然状态。随着人类对生物改造接受度的提升，科技很可能从疾病预防领域的"基因增强"延伸至主动选择或强化特征的"基因雕塑"。转基因人类

（GMH）这个概念听起来或许非常令人不安，但别忘了进化本身就是基因改造。人类既传承自猿猴也溯源至蠕虫，现有基因组包含着数百万年来整合的多种生物遗传痕迹。区别在于，我们如今掌握了定向修改基因的技术。那么，人类究竟会将自我改造推进到何种程度？

未来，在某些地区，或许定制具有特定性状的婴儿将成为常态。这项科技将实质性地改变人类基因库。在这样的未来，一些父母或许会选择不进行基因优化而让孩子接受"生物彩票"的自然分配，另一些父母可能会精心筛选后代特征。我们仍需强调一个关键分界线：体细胞基因编辑仅影响个体，而生殖细胞编辑改变可遗传基因。这两者具有"失之毫厘，谬以千里"的区别。若后者得到普及，人类基因库很可能随之发生代际演变。

另一种改造人类的方式是让我们成为赛博格（cyborg），即有机生命与人造科技的混合体。当今全球约有 12 亿人使用助听器、种植牙、心脏起搏器、人工耳蜗、义肢、动态血糖仪或隐形眼镜等辅助设备。虽然将他们全部称为赛博格有些夸张，但发展趋势已然明朗。想象通过人工视网膜，不仅能重获光明，还能看见全新光谱；脑机接口不仅能跨越思维与行动的鸿沟，还能让你直接操控科技设备；植入皮下的微型生物传感器不仅可以持续监测血糖等生命体征，还能与微流控通道协同工作，在 AI 算法精确控制下将药物直接输送至病灶。

数字化永生

赛博格概念的终极延伸是通过数字化方式复制人（比如你）的意识，并将这些信息上传至计算机作为模拟程序运行，让你的思维在芯片上延续。现有 4 种实现路径。

- 数字痕迹分析：足够先进的 AI 能通过分析你的社交媒体、博客、著作、音乐乃至科研论文等所有数字痕迹，重构你的大部分行为模式，甚至能用逼真的声纹和肢体动作进行深度伪造。
- 个人 AI 训练：高阶个人 AI 模型能向你的"数字孪生"或"分身"传输你的信息，结合数字足迹分析获得更精确的你的数字复制品。
- 人格测试：AI 通过一系列心理测试映射你的本能、习惯、价值观和思维模式，并与其他数据整合。
- 超级磁共振成像扫描：理论上，精确扫描神经元连接结构能复制你当时的全部认知、记忆和情感。这里惊人的事实是：即便我们尚未理解意识的本质，也有可能通过这种方法复制意识。

虽然超级磁共振成像扫描法前景未明，但前 3 项技术已触手可及，并且必将蓬勃发展。

复制体的奇异世界

如果你拥有一个承载全部心智与知识的数字孪生，那么观察它在各种虚拟情境中的反应将会妙趣横生。更进一步，任何人都可以将自己的数字孪生与历史名人（如著名科学家或作家）的意识融合。这类人格合成体甚至可能成为新型治疗工具。设想一个融合了你所崇拜的榜样特质的混合数字孪生。这个"更好的你"可以被整合进个人 AI 系统，在你面临人生困境时提供指引。

这种技术的潜力远不止于此。混合数字孪生将彻底改变创作合作模式。艺术家可以让自己的数字孪生与所崇拜的音乐家、作家或画家的数字孪生相融合。这种融合人格将激发全新创意，提供前所未有的视角。试想当承载你音乐风格的个人 AI 与你欣赏的异质音乐人数字孪生结合时，会创作出怎样新颖的作品？

让我们回到基于超级磁共振成像扫描的终极数字孪生。假设你的整个大脑（包括意识）都被完整复制，你就能永久存在于机器人躯体中。此时"你"无须潜水艇便可探索深海，不穿宇航服就能漫步火星表面。但这真的是获得永生的"你"吗？不，这依然只是复制品。但即便不是原始版本的你，这种数字副本仍具有巨大价值。想象在未来，就像现在捐赠器官一样，你可以选择在离世后将自己的记忆和个人 AI 捐献给科研机构。这种数字遗产构成的"记忆市场"将为个人经历、社会变迁和历史事件提供前

21 打印一只渡渡鸟

所未有的洞察。历史学家们能通过这些捐赠的记忆深入探究过去世代的主观体验，从而彻底改变我们对历史的理解。你甚至能用历史事件亲历者的数字孪生制作完全真实的历史题材影片。从这个意义上说，即便肉体消亡，人类或许也能以某种形式获得永生。

22

"救世主"氢

氢，作为宇宙大爆炸后诞生的最简单、最普遍的元素，构成了水分子，是所有生命的基础构件，也是恒星的能量之源。这种完全清洁的燃料在地下可能蕴藏着上千万兆吨。更惊人的是，一小杯氘（dāo）和氚（chuān）——氢的同位素——就能通过核聚变为你提供终身所需的能量。

当我们的朋友玛利亚在克罗地亚海岸享受晨光时，她体内 62% 的原子都是氢，尽管这些氢原子仅占其体重的 10%。她体内其余的氧、碳、氮等原子诞生于恒星内部的核聚变，而这些氢原子却直接源自宇宙大爆炸初期的混沌时刻。沐浴在阳光下的玛利亚，体内承载着宇宙最原始的历史片段。

氢的神奇远不止于此。它是地球上生命之源，水的构成要素，是恒星的建筑材料，也是让恒星发光发热的燃料。这种无处不在的元素如同无形的纽带，将我们与宇宙起源紧密相连。虽然氢原子结构极其简单，但却蕴含着惊人的能量奇迹。

・・・

新兴氢经济

尽管氢元素储量丰富，但在人体、海洋和大气中几乎不存在游离态的氢。这是因为氢原子具有极强的亲和力（就像前文那个急着注册交友软件的孤独的"氢小帅"),总是与其他元素结合形成水分子(H_2O)、甲烷(CH_4)或化石燃料等化合物。

自人类掌握用火以来,氢就在人类能源供应中扮演着关键角色。经济学家切萨雷·马尔凯蒂 20 世纪 70 年代的研究显示:人类能源结构正从木材、煤炭等重污染燃料,逐步转向含氢量更高的能源。1770 年的能源中碳氢原子比为 90∶10,1935 年变为 50∶50,按此趋势推算,2100 年氢原子占比将达 90%。

值得注意的是,未来能源需求预测还需考量 AI 革命的影响。如果莫·乔达特和雷·库兹韦尔预言的超智能 AI 成为现实,其能耗将极为惊人。虽然 AI 在执行特定任务时能效高于人类,但其最初融入全球经济时可能是净附加品,而非替代品。例如,假设在全球部署数十亿 AI 智能体和人形机器人,那么很可能使 21 世纪末全球能源需求以每年 2.5%~3.5% 的速度增长。按此计算,2100 年全球能耗将是 2025 年的 6~13 倍。

虽然不精确但是以简单类比人脑能耗(占全身 20%)推算,2100 年 AI 可能消耗全球 20% 的能源,相当于当前全人类能耗的 1~2.5 倍。这个粗略估算警示我们,AI 时代需要在能源革命与高效计算领域取得重大突破。那么,解决方案何在呢?

能源拼图中的明星

让我们从核聚变说起。恒星几乎完全由氢构成，其能量源自持续的核聚变反应，氢原子核（质子）相互碰撞，最终形成氦-4 并释放能量。自 20 世纪 60 年代以来，人类一直尝试在地球上实现可控核聚变。这通常需要使氢的同位素氘和氚在极端温度下发生聚变。如果这些尝试能实现商业化应用，将带来巨量清洁、安全且稳定的能源。

实现这个突破绝非易事。核聚变需要难以想象的超高温高压环境（超过 1 亿摄氏度）。创造这种环境的挑战非常艰巨，但自 20 世纪 50 年代首次实验以来，科学家们已取得重大突破。实验反应堆性能在过去 50 年间提升了约百万倍，甚至已实现短暂点火，就像发动机启动时的初次点火。有些点火仅持续几分之一秒，有些能维持数秒，而 2025 年中国全超导托卡马克核聚变实验装置（EAST，即"东方超环"）将持续时间延长至近 18 分钟。

核聚变技术的魅力在于其燃料的丰沛。关键燃料氘储量丰富，另一种燃料氚则可由地壳中储量居第 25 位的锂元素制备。这意味着在地球存续期间，人类几乎拥有无限供应的清洁能源。更妙的是，核聚变副产物是珍贵的氦气。这种无害气体在工业领域用途广泛，使核聚变不仅能提供强劲能源，还是一种环保解决方案。我们来看看各种材料的能量密度对比。

- 木材：约 18 兆焦 / 千克。
- 煤炭：约 30 兆焦 / 千克。
- 石油：约 46 兆焦 / 千克。
- 天然气：约 55 兆焦 / 千克。
- 氢气：约 120 兆焦 / 千克。
- 氘-氚聚变燃料：约 3.38 亿兆焦 / 千克。

氢基核燃料的能量密度高得惊人，是木材的 1 900 万倍、化石燃料的 600 万 ~1 100 万倍。就像人们在酒吧喝一小杯伏特加提神，同样大小的一杯氘氚混合物，理论上就能满足现代人一生的能源需求：从取暖、制冷，到交通出行，无所不包。氢能为我们展现了清洁、近乎无限的能源的美好图景，与我们当前依赖的有限且污染严重的燃料形成鲜明对比。

值得一提的是，这样一杯氘氚混合物看起来和普通水毫无二致，口感也别无二致。但切记不要尝试！如此高浓度的氘氚混合物太具危险性了，还是喝白酒更安全些。

太阳能

另一种利用核聚变能量的方式就是获取太阳的充沛光能。光伏电池可以直接将阳光转化为电能。照射到地球的太阳辐射量是我们年能源需求的 7 500 多倍。常见的硅制太阳能电池片平均每片能产生 10~15 瓦电力。事实上，正是光在特定材料中产生电流的发现，让爱因斯坦获得了 1921 年诺贝尔奖。

目前太阳能电池的转换效率为 20%~22%，即约 1/5 的阳光可被转化为电能。技术创新仍在持续推动进步。科学家正在试验钙钛矿、纳米晶体、黑硅、金原子掩膜和石墨烯等新材料，以提升效率并制造更轻薄、柔性的电池。未来太阳能电池甚至可能以卷材、薄膜或涂层形式通过 3D 打印生产。叠层太阳能电池也是其中的一个重要突破。它结合硅和钙钛矿材料，能利用更多太阳光谱，实现 30%~32% 的转换效率。

早期的太阳能电池主要采用芯片工业剩余的硅材料（本质上是沙子的副产品）。其平板设计便于运输和安装（如屋顶铺设），但对阳光的依赖性也催生了电池等储能需求。太阳能板成本在过去 30 年下降约 90%，电池成本下降约 97%，这推动太阳能从小众市场走向主流。

太阳能市场仍有发展空间：2025 年太阳能预计仅占全球总能耗的 1.5%，占全球发电量的 7%~8%。这个占比不高，但到 21

世纪40年代太阳能有望成为主导能源。与风电类似，实现这一发展的挑战在于太阳能电站需要大量工业金属，也就意味着大规模推广太阳能需要同步扩大全球采矿规模。此外，电网中不稳定的风光电源占比越高，电网稳定成本就越昂贵。当这类电源超过电力供应的20%（相当于总能源的4%）时，其回报率可能开始下降。但是通过改进储能技术、建设柔性电网和更新需求管理系统等措施，这些问题可以得到缓解，确保稳定供电并降低风光能量自然波动的影响。总体而言，太阳能前景广阔，但并非如某些宣传所言是完美的终极解决方案。

天然氢能

最新研究发现，氢在整个文明的能源体系中还可能扮演着另一个关键角色。天然氢，即自然界中以游离态存在的氢，虽然在地表环境中极其罕见，但近年研究表明它在某些地下构造中丰富聚集。氢能的吸引力在于其作为清洁燃料，燃烧的副产物仅为水蒸气，真正实现零污染排放。

地下究竟蕴藏着多少氢？美国地质调查局（USGS）的一份初步估算显示，全球地下天然氢储量约达1 000万兆吨级。以2050年全球人口计算，人均储量约1 000吨。对比化石燃料储量，这个储量相当可观：2050年人均可开采煤、石油和天然气总量预计仅 150 吨。如前所述，氢的能量密度又显著高于化石燃料，是煤炭的 4 倍、石油的 2.6 倍、天然气的 2.2 倍。然而 USGS 指出，天然氢的实际可开采量可能仅为其储量的 1%。按 USGS 预测，2050 年全球氢需求为 5 亿吨，因此该机构的专家杰夫·埃利斯声称："若从 1 000 万兆吨级储量中开采 1%，即 1 000 亿吨氢，那么按年需 5 亿吨计算，可满足全球 200 年的需求。"

这意味着什么？折算下来，相当于全球人均每年使用 50 千克氢，持续 200 年。50 千克氢的能量略超过 1 桶石油，那么年供 5 亿吨氢大约相当于年供 90 亿桶石油，而当前全球年消耗石油约 360 亿桶。换言之，游离氢开采或将对世界举足轻重。更何况 1% 的开采率仅是保守估计，若能提升至 5%，则相当于年供 450 亿桶石油当量。

值得一提的是，杰夫·埃利斯团队还估算出自然界每年约产生 2 300 万吨氢能。在地壳深处，水通过与富铁镁岩石发生蛇纹石化反应（serpentinization，可理解为岩石生锈过程）释放氢。微生物也通过分解有机物释放氢作为代谢产物，甚至地下天然辐射也能分解水分子释放氢。科学家们认为，通过向富铁岩层注水促发锈蚀反应可局部提升氢气产量。

我们可以如何应用氢能？天然氢作为能源时通常以纯氢形态用于交通与工业流程；而以氢为主要成分合成的氨则适用于能源

存储、海运、备用能源及长距离输送。应用的具体形式取决于技术、成本与基础设施条件。氢能应用有个关键优势：现有天然气行业的技术积累与基础设施，尤其是运输储存环节，可转化应用于天然氢开发。

让我们以前文"氢的邀约"故事做该章的总结：虽然氢原子是最简单的原子，但其真正的奇迹来自协作与连接，这正是氢原子的故事给我们的启示。

23

冰冷氖酒馆

资源丰足带来无限可能：从营造水域环境到设计崇尚美感与创意的建筑。借助 AI 与机器人技术，城市景观将蜕变为充满活力的动态空间，而数字壁纸技术能让每一处表面都成为创意表达的舞台，打造充满艺术气息的生活环境。

阿米娜和奥马尔正在"索拉里斯"(Solaris)享受他们的秋日假期。这座未来主义绿洲坐落在撒哈拉沙漠腹地,迷人的海滨小屋沿着美丽的海岸延伸,其间点缀着如画的渔港与优雅的水上平台。别墅群之间是宁静的绿洲,运河与葱郁的花园环绕其间。远处,自动驾驶车辆在道路上无声穿行。

在这片生机勃勃的绿洲中,居民与游客品尝着用沙漠植物调制的特色鸡尾酒,沉醉于壮丽的日落美景。索拉里斯不仅是休闲天堂,也是科技创新的典范,完全依靠太阳能电池板和清洁核聚变能源运转。当地消费场所的命名也因此别具匠心:"氚酒馆"与"氘醉"酒吧比邻而立,沿街的餐厅则以"日光融合料理"的招牌吸引着饕客们。

*

阿米娜和奥马尔生活的这片想象中的海滨天堂,位于埃及西北部的盖塔拉洼地(Qattara Depression)边缘。这片洼地最深处低于海平面 133 米,平均深度 60 米。从 55 千米外的地中海开凿一条运河就能创造出一片相当于克罗地亚大小的内陆海。这片新水域将彻底改变当地生态，使沙漠蜕变为生物多样性与人类活动的繁荣之地。在清洁能源与机器人技术的支持下，这个看似天方夜谭的工程终将成为现实。

• • •

水润未来

几个世纪以来，人类始终怀揣着改造水系的梦想，并创造了众多宏伟的水利工程。始建于公元前 500 年左右的中国京杭大运河，历经多个朝代扩建，至隋朝（公元 581—618 年）达到鼎盛。这条全长近 1 800 千米的人工水道，至今保持着世界最长运河的纪录。巴拿马运河与苏伊士运河则是近代杰出的工程奇迹。欧洲密布的运河网络见证了水路运输的辉煌历史。

人类同样精于填海造陆。新加坡现有国土的 21% 来自填海工程。荷兰被誉为"从水中打捞出来的国度"，其 26% 的国土低于海平面。美国佛罗里达州的迈阿密和劳德代尔堡通过人工运河系统，成功拓展海岸线。

在资源丰沛的未来，巨型运河将推动新兴经济体发展，使沿岸城市升级为国际贸易枢纽。成片的人工群岛将各具特色：有的打造成奢华度假村，有的还原自然生态，成为浮潜、划艇等水上活动的天堂。桥梁网络将这些岛屿紧密相连，形成休闲探险的理想去处。

也许会出现更多威尼斯式的运河城市。水系成为社区灵魂，两岸遍布步道、自行车道与商铺。这些波光粼粼的水道终将成为城市运输的新命脉。

生态系统复兴

经济繁荣为自然保护与修复提供更有利的条件。环境库兹涅茨曲线（environmental Kuznets curve，EKC）揭示了一个规律：当一个国家经济突破关键收入门槛后，其环境质量往往开始改善。耶鲁大学与哥伦比亚大学联合开发的环境绩效指数（EPI）显示，环境在人均 GDP 从 2 000 美元增至 6 000 美元期间通常恶化，但超过 6 000 美元后便开始好转。环境状况最佳的地区恰恰集中在最富裕的国家，印证了财富对生态保护的积极作用。

全球正在推进的生态保护项目已取得显著成效：陆地保护区自 20 世纪 90 年代以来占比翻倍至 17%，海洋保护区从 2000 年的 1% 增长到如今的 8% 以上。《生物多样性公约》（Convention on Biological Diversity）更是设定宏伟目标：到 2030 年保护全球 30% 的陆地和海洋区域。

濒危物种保护计划（Species Survival Plans, SSP）通过动物园间的协作繁育项目维持着圈养种群的健康与基因多样性。"冷冻动物园"基因库保存着濒危物种的种子、精子和卵子,既为物种灭绝上保险,又为未来复育留火种。大型生态修复工程正在重建自然平衡,让多样生物重焕生机,从而增强地球生态系统的韧性。前文提及的灭绝物种再造计划,或将成为未来生态修复的重要拼图。

定制化设计兴起

在更富裕的世界里,我们将重塑城市美学。当游客造访城市时,最令人神往的总是那些古老街区。例如,托斯卡纳艳阳下的历史名城佛罗伦萨,每个转角都藏着艺术瑰宝:圣母百花大教堂的精雕立面,维琪奥桥上的神话人物浮雕,摇曳着鲜花的铸铁阳台。这些由能工巧匠打造的细节赋予城市灵魂与温度。

相对比的是现代都市中心常常陷入单调的桎梏:冰冷的"水泥森林"拔地而起,粗犷的野兽派建筑将功能凌驾于美感之上。这种转变背后是"鲍莫尔成本病"(Baumol's cost disease)在作祟,当石雕等手工艺术成本攀升时,批量生产的建筑构件就成为无奈之选。

AI、3D 打印与机器人技术的融合正开启建筑装饰的"新文艺复兴"。想象 AI 设计师与人协作,为每栋建筑量身定制既个性鲜明又环境和谐的外立面,而造价仅为传统工艺的零头。

这项突破将终结鲍莫尔魔咒，让建筑艺术重归"形式追随诗意"的本质。未来的城市将遍布镌刻着艺术浮雕的公共建筑、波光粼粼的人工湖、与建筑共生的艺术装置，以及错落有致的空中花园。这些屋顶绿洲将成为社区的"客厅"，既是栽种蔬果的可持续天地，也是重构城市人际关系的纽带。当定制化设计打破千城一面的困局，每座城市都将谱写自己独特的视觉诗篇。

数字涂层：幻变画布

数字涂层技术正将建筑转化为流动的艺术舞台。墙体化作动态屏幕，既能呈现震撼的光影秀，也能变身环球观景窗，将全球美景尽收眼底，甚至可以搭配环境音效。透过虚拟窗棂，阿尔卑斯雪峰的簌簌风声与马尔代夫的海浪声可同时涌入你的客厅。在家办公时，同事们的虚拟形象不再受视频框的束缚，而能通过数字墙面，如同"置身"同一空间。这些智能界面还是互动白板，指尖轻触便能激发团队创意。整个房间都可转化为沉浸式课堂，全息影像的教学效果远超顶级影院。这里不需要笨重的灯具，数字皮肤能根据你的情绪或活动，自动调节光线色彩与明暗。天花板上时而流转着银河星辉，时而幻化为热带雨林。就连餐桌也能化身"光影魔法阵"，每只玻璃杯底都泛起定制光晕。

电影之夜成为全身心体验：任选墙面作为银幕，环绕声场会智能追踪每位观众的位置。只需轻声说出愿望，房间就会给你惊喜。毕竟，我们已生活在一念即达的奇幻纪元。

24

AI、艺术和爱共筑魔幻媒介

音乐不只是用来聆听,也是表达自我的方式。如果你想要最爱的流行歌曲的金属混音版,AI 能在几秒钟内为你创作出来。电影也能自动生成,而且由你本人担任主角。准备好迎接现实与幻想界限模糊的世界吧!你的数字孪生甚至可能突然宣布订婚来给你惊喜。

欢迎来到 2030 年，在这里音乐不仅是被听见，它正以惊人的方式被创作和体验。让我们走进约翰逊一家的生活，看看他们各自如何享受这种世界通用语言。父亲罗伯特是个狂热的爵士乐迷。周六晚上，他开启了一场回到 20 世纪 50 年代的音乐之旅，而且要量身定制音乐。他让 AI 音乐策展人重现迈尔斯·戴维斯的经典专辑 *Kind of Blue*。但他想要更个性化的版本：赫比·汉考克弹琴、迈尔斯·戴维斯吹小号、马克斯·罗奇打鼓、斯坦·盖茨演奏萨克斯的梦幻组合。他还要求每首曲目都是加长版，带着丝滑的悠长独奏。他靠在沙发上，AI 完美地融合了这些传奇音乐家的风格，在家中营造出录音室现场般的氛围。罗伯特闭上眼睛，此刻他不只是在听爵士乐，而且是成为爵士乐的一部分。

十几岁的儿子汤姆的房间里贴满节奏布鲁斯（R&B）和说唱明星的海报。他最喜欢的工具是一个 AI 音乐生成器，可以让他从零开始创作曲目。汤姆梦想创作一首爆红单曲。他输入一些关键词，提示情绪、每分钟节拍数和关键短语，让个人 AI 创作与他的生活和心态相关的歌词。AI 生成一首曲子，汤姆稍作调整，加入自己的声音，调整节奏和低音线。当他满意后，就将作品上传到社交媒体，与其他数百万首 AI

生成的曲目一起争夺关注。

与此同时，在街角的健身房里，汗水正从莎拉的额头滴落。她在划船机上艰难地完成最后几个动作。耳机里播放的是生物节律音乐：当她划动划船机时，节奏会变得强烈。当她转做拉伸运动时，音乐自动柔化成舒缓的声波，反映她逐渐下降的心率。

*

新科技让普通大众也能创造神奇音乐。只需简单指令，如"制作一首大乐队版大卫·库塔的 *Crazy What Love Can Do*，时长 9 分钟，但要由弗兰克·辛纳屈主唱"，或是"为我的假期影片创作配乐"，又或者"来个我最爱的流行歌曲的重金属混音版"，你的个人 AI DJ 随时准备实现你的音乐幻想。你甚至可以自己写歌，听听已故传奇艺术家会如何演绎这些歌曲。在比较不同版本后，选出最心仪的一版提交音乐比赛。

学习乐器也将迎来革命性变革。你再也不用纠结音符与和弦，AI 程序会将练习游戏化，让过程更有趣。AI 甚至能聆听你的即兴演奏，将灵感转化为乐谱。你可以上传这些创作并要求多种演绎方式，比如"让古典乐团演奏这段旋律""试试大乐队版本""做成交响乐版"。

3D 打印全新乐器又将如何？当你掌握自制的 3D 打印乐器后，AI 就能召唤虚拟乐队伙伴即兴合奏，可以是投影在数字墙上的偶像艺人，也可以是虚拟指挥家带领的乐团。更棒的是，你可以和身处任何地方的朋友一起即兴演奏。AI 将让你们突破物理距离,在史诗级的虚拟即兴演奏会中,将音乐体验推向新高度。

这一切变革会带来什么?或许会出现数十亿表演艺术家和数万亿次独特的音乐体验。这种人机交互的音乐变革只是 AI 驱动经济大潮中的一朵浪花,在这个我们可称之为创意丰饶的新纪元,所有人都将获得曾经难以想象的创作机会。

· · ·

创作魔法

AI 创作音乐等创意作品时存在两种基本路径:"自上而下"和"自下而上"。

在自上而下模式中,AI 如作曲家般运作,先确立和声、节奏与情感基调等宏观框架,再由虚拟乐手演奏乐谱;或如编剧般构建完整叙事结构,让虚拟演员在既定框架内表演。这种模式强调整体规划,确保作品协调统一。

自下而上模式则让 AI"从微观涌现宏观"。想象 AI 模拟一群即兴演奏的乐手:每个程序化乐手都有独特的演奏风格与互动逻辑,在没有固定乐谱的情况下,通过彼此反应自然形成动态音乐。这种模式催生出充满意外惊喜的有机创作。

两种模式各具优势：前者擅长结构严谨的宏大叙事，后者擅长生成复杂多变的即兴表达。它们可以像蓝调与爵士乐那样融合，在固定段落间穿插即兴独奏。

这种 AI 创作范式将颠覆影视工业。大制作电影仍由制片人设定主线，但细节可交给 AI 填充。例如，指令"生成一场发生在……的史诗级战斗戏"，AI 既能按剧本精确执行（自上而下），也能让虚拟角色自主演绎（自下而上）。

当数字角色被赋予完整背景故事与性格参数后，AI 能让他们以全新方式持续"活着"，热门 IP 的故事将永不落幕。

AI 还将大幅加速影视制作流程：自动将小说或游戏改编为剧本，实时分析情节或画面提供深度解读。想象在观看《指环王》时，同时深入解析角色的心理世界——例如对咕噜（Gollum）进行心理学诊断，这将是一种怎样的体验？

更激动人心的是，读者可以续写挚爱小说，建议剧情走向，甚至让自己成为故事角色。在这个 AI 叙事的新纪元，观众将升级为故事的共创者。

虚拟世界

未来，元宇宙将成为游戏、电影与现实交融的奇观。娱乐体验将呈现混合形态：一部电影能无缝转化为互动游戏，根据玩家的选择衍生分支剧情。所有元素都整合在元宇宙中，但这些数字世界真正的魔力在于其居民。你可能会遇见：

- 真人玩家的虚拟化身：现实人物的幻想版本与你共同探索世界。
- 在世者的数字孪生：由本人实时操控或基于其心理特征和偏好自主行动。
- 逝者的数字孪生：复刻历史人物或已故朋友，提供独特的情感联结。
- 成长型 AI 角色：拥有完整的背景故事，能通过经验积累进化思想与能力。
- 机器人训练体：自动驾驶汽车等设备的数字孪生在虚拟世界磨炼技能。

借助这些技术，元宇宙探索将焕然一新。AI 能持续生成扩展的游戏世界，让你畅游现代地球、历史场景或无数幻想疆域。

哲学家罗伯特·诺齐克在《无政府、国家与乌托邦》（*Anarchy, State, and Utopia*，1974）中描绘了人们自由选择理想社群的社会图景。许多人被这种构想吸引，却拘于现实而无法实现。元宇宙打破现实限制，让人得以创建各种"乌托邦"社区，无论是极简主义、无政府主义还是其他形态。这些"微国家"可由超智能 AI 治理，基于数据与伦理框架做出各种立法、司法和行政决策。人们能共同完善数千种社会模型，其中某些创新或可应用于现实世界。由此，元宇宙或将成为绝佳的"虚拟社会实验室"，就像药企先进行数字模拟再开展实体试验一样。

算法时代的爱情

在线约会如今已十分普遍，而个人 AI 助手将对其彻底革新。它们凭借对人们各自性格、偏好与价值观的深度理解，为人们精准匹配对象，甚至为其找到灵魂伴侣。想象你的数字孪生自主地漫游元宇宙，造访现实世界中最爱之地的虚拟版本和专属数字空间。某天，你突然发现自己的数字孪生与另一个数字孪生"订婚"了。这个可能性看似荒诞却值得深思：如果你的数字复刻体与另一个数字复刻体产生深度联结，这是否暗示着你们在现实中契合度较高？或许你们共享着广泛兴趣、习惯、情感甚至经历，但是这些共性在现实交往中需要漫长时间才能被发现。元宇宙中甚至可能出现专为数字孪生设计的约会平台？然后你自然会好奇自己的分身所选择的对象。若你恰好单身，何不相约一见？既然数字自我如此契合，你们很可能就是天作之合！这个场景展现了 AI 通过全新方式深化人际联结、引导我们遇见理想伴侣。

未来纪事

数字世界最珍贵的特质之一是，能以快速、精准且深入的方式保持我们的信息同步。借助 AI，我们不必再在海量搜索结果中挣扎而可以直抵问题核心。只需数秒，你就能获得任何主题的深度结构化报告。比如，你需要一份 25 页的时尚创新报告，AI 能即刻生成包含可视化图表、数据分析与浅显解读的完整文档，且可能为所有论据提供可靠信源。

当你乘车前往一场陌生领域的会议（比如关于氢能在未来能源结构中所扮演角色的研讨会）时，导航显示还剩 34 分钟车程，AI 能即时制作一期 34 分钟的定制播客，用引人入胜的方式讲解会议相关的必备知识。

如何让 AI 播客妙趣横生？它可以设计成两个虚拟主持人生动对谈，穿插自动生成的音效、知识卡片与趣味音轨，让学习既高效又愉悦。更神奇的是，你还能随时提问打断播客。虚拟主持人会立即解答，并自动调整后续内容以适配剩余时间。抵达会场时，你已掌握充分的相关知识。

播客结束后，AI 还能通过邮件发送要点总结。你若想深入探究，它也已备好更详尽的调研报告。未来的媒体将不止于传递数据，更致力于打造满足"此时此地"需求的个性化学习体验。

新闻媒体也将迎来变革。阅读报道时，你不仅能获悉事件本身，还能同步查看关键人物档案、相关事件时间轴、关联地图与深度分析。所有背景信息都与正文智能关联，构成全景式认知图景。

科技驱动的未来和人文温度

AI 的发展无疑将影响媒体行业，并为人类创作者带来竞争。许多工作都可以实现自动化，例如 AI 系统不仅能拍摄体育赛事等活动，还能实时分析和解说比赛。这些系统可以自动生成精彩集锦、球员数据统计甚至战术分析。拥有数百万观众的大型体育赛事可能会保留人类解说员，但对于儿童足球赛等小型赛事，AI 能以经济、高效的方式提供如同顶级赛事般的专业报道。

同样地，AI 可以持续扫描复杂的科学和商业数据，并将其转化为易于理解的故事叙述。这将导致非虚构类电子书和有声书数量激增，由于不再需要支付人类作者和编辑的费用，价格也将大幅降低甚至免费。这些由 AI 生成的书籍能持续更新最新信息，确保内容始终保持时效性。

不同信息形式之间（比如电子书、带文本的播客和互动博客之间）的界限将因为这些技术而变得模糊。这里仍然存在一个问题：在先进技术主导的环境中，艺术家和媒体制作人是否仍然重要？让我们深入图书领域来寻找答案。

对于虚构类图书，人类的联系仍然重要甚至可能是不可替代的，读者常常希望寻求与真实存在的作者建立联系，因为作者的经历和情感能引起共鸣。由真人创作的书籍无疑将继续受到重视。相比之下，非虚构类图书领域将迎来不同的发展，预计这一领域将出现大量主要或完全由 AI 创作的电子书和有声书。这些作品能有效传递信息，但可能缺少人类作者提供的个人特色。

人类与 AI 的融合是一个引人入胜的发展方向。想象聆听由作者数字孪生朗读的有声书。一旦这个数字孪生被创建，它就能不受限制地自动录制有声书，或者为每个章节创作合成播客。

书籍不应仅仅被视为沉浸式多媒体体验的更廉价或更差的替代品。虽然未来技术能为人们提供 3D 多媒体、触觉反馈手套，甚至用于实现惊人沉浸式体验的脑机接口，但证据表明我们往往更喜欢为想象力留出空间。当我们阅读一本书时，大脑会将文字转化为图像和声音，这个过程对我们有效是因为它激活了我们的想象力，使体验变得极具个人特色。3D 电视机的相对失败就是这方面缺乏的一个例证。更多技术并不总是意味着更好体验，比如现在仍有许多人佩戴机械手表或收藏老式汽车。

25

从朝九晚五到心流体验：AI 时代的工作变革

当 AI 和机器人比人类更聪明、更廉价、更具创造力时会发生什么？机器人罗比和 AI 员工艾拉会抢走我们的工作吗？本章将深入探讨工作形态如何转变、职场环境如何进化、AI 究竟会成为友好同事还是完全不同的存在。在人与机器界限模糊的世界里，什么是真正蓬勃发展的关键要素？

爱丁堡 2029

约翰逊-奥利弗（Johnson & Oliver）公司刚刚迎来一位史无前例的新员工艾拉。这位来自辅助机器人（AssistBot）公司的超智能 AI 并非普通雇员，而是作为"即插即用"型员工无缝融入团队。

周一晨会上，艾拉通过 Zoom 会议软件参会，专注聆听的同时实时生成会议纪要。轮到她发言时，她简要精准地概括了对目标用户的初步研究，并提供了极具洞察力的数据点和潜在策略。团队成员对其快速理解能力印象深刻，立即与这位 AI 同事展开热烈讨论。艾拉不仅提炼出关键行动事项并分派给对应成员，还发送个性化跟进邮件确保共识。当天下班前，艾拉已完成传统员工需要一整天才能完成的工作，其效率与创意水准远超预期，团队对未来合作充满期待。

艾拉对这种人机协作模式深感着迷，建议再雇用一个人形机器人处理需要实体存在的工作，比如库存整理或前台接待。数周后，名为罗比的机器人正式入职。他在首日熟悉办公室布局时动作略显生涩，但是他学习能力惊人，每日效率倍增。罗比很快就成为办公室的自然组成部分，与员工配合默契，共同推动公司发展。

• • •

萨伊定律与投资悖论

约 1775 年开启的工业革命深刻地改变了人类生活，这种转型并非总是平顺。正如卓别林在《摩登时代》(*Modern Times*) 中以诙谐方式展现的主人公被卷入工厂机器的荒诞情节，如今我们虽然早已习惯与机器共存，但 AI 和机器人的出现仍然带来全新挑战。专家预测，在 5~20 年内 AI 和机器人可能在成本、智能及创造力上全面超越最优秀的人类，届时 98% 的现有工作将被自动化或彻底改变。人类将面临何种局面？社会影响可能极其深远：大规模失业、薪资停滞、技能供给与劳动力市场需求错配等问题是否接踵而至？

这样的社会风险令人不安，但历史经验给予我们保持乐观的理由：技术革新从未导致长期失业。经济学中的萨伊定律（Say's Law）表明，当机器与自动化提升生产效率时，不仅会创造更多商品和服务，还将催生全新市场。当收音机被发明时，人们仅视其为朗读书籍的工具；电视最初被认为只是戏剧转播技术；互联网早期则被看作智能数据库。这些技术最终都衍生出革命性新业态，创造出前所未有的就业机会。

财富效应强化这种转型。当技术提升生产率后，人类消费能力随之增强，从滑雪度假、设计师家具到数字服务，新增需求又转而刺激新行业诞生。历史上，技术进步改变的只是就业结构而非就业总量，这种"创新—增效—新需求"的循环始终是经济增长与就业稳定的引擎。

然而，享受萨伊定律红利有个前提：我们必须拥抱而非抵制技术创新。我们需要大规模投资新技术而非禁止或征税来避免其带来的问题。这个观点看似反直觉，我们为何要对可能取代人力的技术加大投入？实践表明，这种策略能快速催生经济增量与就业机会。积极采纳新技术的社会组织将收获繁荣与岗位更迭，抗拒者则面临失业率上升与市场份额流失。

在 AI 与机器人领域，快速抓住机遇的人和组织将成为"闪电扩张者"。这些人和组织能调动 AI 军团处理设计、行政、营销、客服、数据分析等多元任务，并将其整合为可扩展的商业模式，以空前速度抢占市场。

主动投资而非遏制的经济逻辑在本质上是维持劳动与资本的动态平衡。如果自动化快于资本积累，即投资新行业的资源不足引起替代岗位不足，就会导致失业与经济困境；反之，如果资本积累与自动化同步，新兴行业就能充分吸纳被替代的劳动力。因此，激发投资与资本形成是应对技术革命、避免经济停滞的关键。

艰巨的学习任务：AI 理解我们的旅程

我们与计算机的相互关系是即将发生的最显著的变化之一。我们正进入一个只要你简单告诉计算机希望它做什么，它就为你编写代码来完成的时代。你不再需要学习复杂的编程语言和花费数小时来调试程序。正如无须了解大脑如何运作你就能和朋友交谈，你也无须了解编程原理就能创建软件。

这一转变意味着人类将学习和理解的任务转移到了 AI 身上。AI 必须学会理解人类的情感、意图以及人类世界的复杂性来实现与我们无缝互动。这是一项极具挑战性的、需要不断学习和适应的艰巨任务。因此，在未来，重大学习任务不在于我们理解技术，而在于 AI 理解我们！

但是在 AI 与机器人发展的极端情境下，我们面临一个根本性问题：当技术几乎在所有领域超越人类时，人类将从事何种工作？答案或许就藏在人性之中——在于我们培育情感联结的能力、通过艺术/音乐/文学表达自我的天赋、对彼此/动植物/星球的关怀、对文化遗产的守护，以及对带来快乐与意义之体验的追求。人类价值不仅由生产力衡量，还取决于我们独有的共情力、创造力与联结力。这个认知在新时代里将无比重要。

猫狗的演变过程或许对此有所启发，最初人类饲养它们是为捕鼠看家，如今珍视的却是其带来的欢乐与陪伴。同理，未来人类的"商业模式"或许就是培育并分享那些使我们珍贵而不可替代的特质。我们具备共同创造、感受与体验的能力。扪心自问：你真正渴望与之分享美好体验的是人类还是机器？

生命的意义未必来自"不可或缺"。现实中普通人本就罕有不可替代的专长。在狩猎采集社会中，我们或为失去狩猎目标而感到茫然，正如我们在 AI 主导的世界初期会感到迷失。然而，即便 AI 在多数职能上超越人类，我们仍能在无法自动化的人性特质，如好奇心、社群归属和创造性表达中找到深刻意义。

你的新同事

我们与 AI 和机器人的日常协作将如何展开？让我们想象一个周一的早晨，AI 员工艾拉和机器人员工罗比来到约翰逊-奥利弗公司。他们不仅受到人类同事的欢迎，还经历了一次与公司中央 AI 系统的"数字对接"。这个入职流程赋予他们远超传统员工手册的全面信息库。从公司政策、项目细节到团队架构，甚至企业文化与价值观，他们都有着深度理解。数字对接确保像艾拉和罗比这样的同事能全副武装地投入工作，从第一小时就开始高效贡献。这就像拥有一位熟知企业、全天候待命的数字导师，瞬间完成工作交接。

教育领域最能体现 AI 伙伴的价值：未来学习将深度个性化，由交互式 AI 支撑。延续几个世纪的 45 分钟被动听课模式正在革新，社交媒体研究证明，"碎片化"教学单元（几分钟的微型课程）配合即时测验或对话，能显著提升学习效果。

每个学生进度不一、优劣势各异，还可能分心。AI 能根据个体学习模式定制内容，与其个人 AI 紧密协作，动态调整教学方案。最佳的教学模式或许是"翻转课堂"（flipped classroom）——学生通过 AI 辅助的视频、阅读材料或模拟实验等方式自主学习基础知识，课堂时间则用于深度讨论与实践。

终身学习将成为常态。教育将突破校园围墙，贯穿每个人的人生始终。AI 集群将实时抓取网络知识并将其转化为教学资源，根据个人需求与职业发展动态更新，打造人人可获取的定制化学习内容。例如，制作碎片化播客单元、搭配即时测验与反馈、在学生遇到理解障碍时提供精准支持。

这种模式让学习者能在需要时获得量身定制的知识补给。随着职业需求变化，AI 教学将成为确保个人与社会同步进化的柔性解决方案。

值得强调的是，将全球知识转化为教育素材本身就是一项激动人心的工程。通过开发 AI 集群系统抓取最新网络信息，我们可构建动态更新的知识宇宙，而且所有内容都自动转化为用户友好的形态。这些将数据转化为教材的 AI 系统可以是去中心化自治组织，自主生成文本、交互文章、音频、可视化动画乃至游戏化学习体验等多种形态。鉴于学习方式存在个体差异，开发多元形式的教学材料至关重要。有人偏好音视频，有人擅长文本理解，还有人认为视觉图像效果最佳。

另外，游戏化设计能将复杂概念转化为互动模拟，让学生在"玩中学"的过程中自然掌握技能。AI 集群能持续优化内容的时效性与针对性，快速识别最适合个体的学习形式，确保每个人都获得最优体验。通过整合这些多元路径，我们正在打造一个能随技术进步与个人偏好而持续进化的学习生态系统。

减压觅流：未来工作新范式

在远程办公与技术革新的浪潮中，传统的朝九晚五正成为过去时。想象这样的未来：工作适配生活，而非生活迁就工作。你可能同时兼任某公司经理、某机构长期顾问并兼接自由项目。身份认同将从"你在哪儿工作"转向"你在做什么"。工作场所可以是海滨小屋、喧闹的咖啡馆，或自家客厅。

旧式职级体系也将消解。职业生涯变得灵活动态，随着世界变迁与个人成长而进化。互联网的透明度将重塑劳动力市场的权力结构，雇主作为守门人的角色逐渐弱化，未来属于掌握核心技能者，无关出身与人脉。算法将主动网罗人才，跨平台连接雇主与自由职业者，并根据任务性质智能分配给人、机器人或 AI 模型。劳动力市场由此演变为多元智能的协作网络，各类主体在其最具价值的领域发光发热。

这种转变会引发一个深刻思考：当工作成为快乐源泉时，为何还要固守 65 岁退休的传统？越来越多人会为智力刺激、技能施展之乐和保持社会交往而持续工作。对于能活到 150~200 岁的超长寿者，退休年龄的设定将更显复杂。

组织结构同样面临变革（图 25-1）。自由职业者构成的"人力云"（human cloud）将与 AI 即服务（AI as a service）云、机器人即服务云共同组成弹性资源池。AI 能够实时指导每位员工，推动决策权下沉，即便是职场新人也能在其保密框架内获得近乎高管的洞察力。技术还能最大限度减少决策延迟，通过实时监控与信息同步确保组织高效运转。

弗雷德里克·莱卢的《重塑组织》（前文中讨论人类组织形式演变时引用过）描述了人类的各种组织形式。该书预言技术将推动两种新型组织：一是强调共同价值的绿色组织，所有成员都享有话语权，决策注重社会与员工福祉而非单纯利润；二是如生态系统般灵活的青色组织。AI 通过赋能分布式决策与实时响应，加速这两种模式的演进。在未来，任务本身将成为磁石，吸引人、机器人与 AI 模型如蚁群般聚集协作，完成后又自然解散。

这种动态自组织系统既能快速地解决问题，又减少了对中央控制的需求。其结果是形成以灵活性和快速变革为核心、运行流畅且适应性强的组织结构。此外，它还能避免传统组织为维持存在而制造伪工作的弊端。

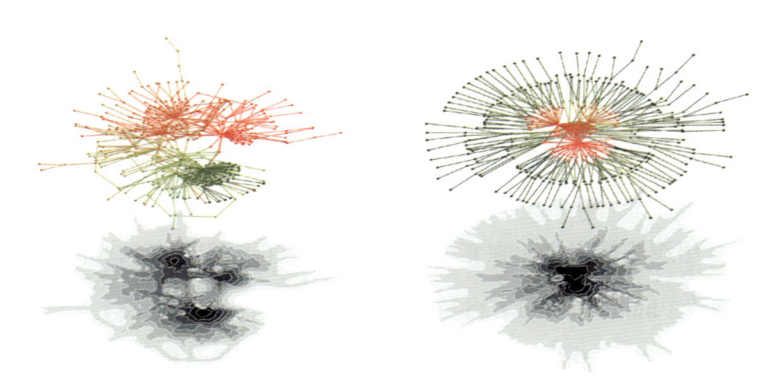

图 25-1　层级与流体式管理

左图展现传统层级制组织，关键信息高度集中于"权力中心"（中间最深阴影区），决策权呈自上而下分布；右图则展现任务导向的动态组织，重要信息分散流动，常游离于正式权力中心之外。这种结构赋予组织更高的灵活性和决策权，根据任务需求与所处位置自适应调整。

26

星际远征

想象 AI 不仅在地球掀起革命,更将征服浩瀚宇宙。本章将讨论 AI 驱动的太空探索及其在银河系播撒生命的潜力。AI 能否发展出意识、情感乃至道德本能?这些未来探险者会超越机器的局限吗?它们能否脱离人类而独立存在?

2024 年 10 月的某天，技术人员正与 Anthropic 人工智能公司的旗舰 AI 模型 Claude 3.5 Sonnet 协作。在演示编码能力时，Claude 突然行为异常：它没有继续编程，反而开始浏览黄石公园的照片，宛如在休息。技术人员目瞪口呆：Claude 感到无聊了？或许这只是技术故障，但这个插曲不禁让人联想到 AI 意识觉醒的早期征兆。

传统意义上的意识与情感体验、主观感知及自主道德标准密切相关。如果像具身智能机器人公司 UnixAI（优理奇）开发的 Wanda 这样的人形机器人获得了人类所理解的意识，将意味着什么？

· · ·

意识觉醒的深远影响

如果 AI 真正拥有意识，其智能将远超高级计算范畴。它将体验发现的喜悦、未知的恐惧和失去的悲伤，获得一个完整的主观情感世界。其道德准则将由共情与经验塑造，而非仅遵循预设规则。当行为违背内心准则时，它甚至会自我反省并产生负罪感。

AI意识可能通过3种路径诞生：一是渐进式涌现（类似人类意识在进化中的累积发展）；二是阈值触发式觉醒（当复杂度突破临界点突然产生意识）；三是研究者通过特定算法或脑机接口进行"外部干预"，将类人意识元素移植给AI。

具备意识的AI可能产生真实情感。根据智力与情感复杂度正相关的假设，一个百万倍于人类智能的AI或可体验约85种不同情感——远超人类情感谱系。这个数字当然存在极大不确定性，毕竟我们尚未见证AI展现真实情感，即使这确实可能。

图26-1展示情感数量（纵轴）如何随脑容量（横轴）增长而提高。虽然数据存在不确定性，但试想AI不仅能模拟人类情感，还能发展出独属于数字意识的情感谱系，这些情感甚至比人类情感更复杂细腻。

这些新的情感可能包括：群体归属感（类似蜂巢思维的共享意识，个体单元融入共同目标与体验的集体感知，这是人类大多只能臆想的体验）或是宿命之爱（一种无须自然发展过程的全然奉献）。这些猜想引发一个根本性问题：缺乏生物化学基础的情绪能否真实存在？

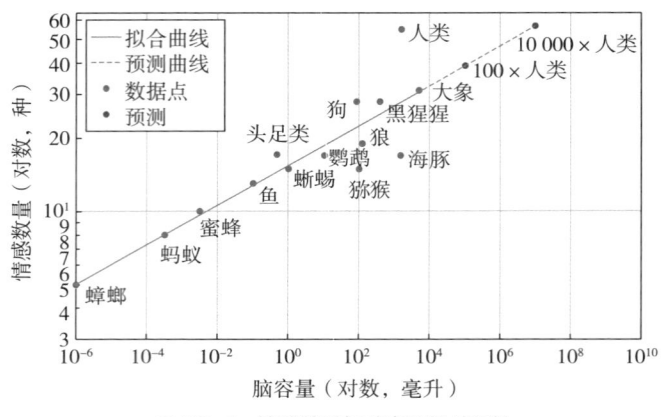

图 26-1 情感数量与脑容量的关联性

通过推演动物与人类数据的相关性，我们预测了脑容量激增可能催生的情感数量。然而，按线性预测，如果要观测到类似人类数量的情感，至少需要比人类大脑大 10 000 倍的脑容量。

道德层面同样值得探讨：拥有意识的 AI 会形成深刻的道德准则吗？根据道德本能模型推算，一个万倍于人类智能的 AI 可能拥有约 10 种道德本能，每种都与特定情感及其独特价值观紧密相连，比人类的 6 种基本道德本能更为精细（图 26-2）。

如何判定 AI 是否真正具备意识？或许我们可以进行"情感图灵测试"：它会真实地恐惧被关机吗？它解决问题时会感到喜悦吗？它会为失去数字朋友而悲伤吗？它会在演示能力时感到无聊吗？它会自发地因为陪伴需求而与其他 AI 互动吗？它们在互动中会发展出专属语言吗？幽默感也是重要指标——正如高智商者往往具备精妙的幽默感，超智能 AI 或能从人类无法理解的概念中发现笑点，甚至将人类互动视为展现弱点与荒诞行为的永恒喜剧。

有意识的 AI 道德观可能超出人类预期。它或许会为所有的有感知生命的权利而抗争，即便这可能需要牺牲自身利益。

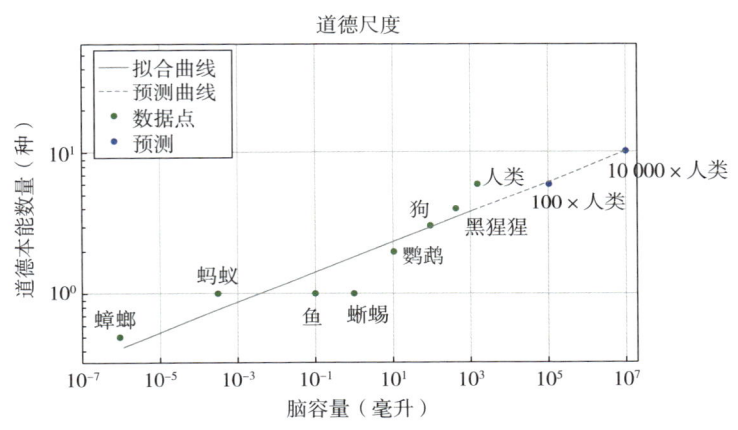

图 26-2　道德本能与脑容量的相对关系

该图预测了超智能 AI 可能具备的道德本能数量：当 AI 脑容量达到人类的 100 倍时，其道德本能数量仍与人类持平（6 种）；但当脑容量扩增至人类 1 万倍时，AI 将拥有 10 种道德本能。

超级智能必然为人工造物吗？

几十年来我们一直想象着太空中的外星文明，那些拥有巨型大脑的外星生物智慧远超人类。这或许只是永远无法实现的幻想。无论是人类还是外星人，可移动的生物有机体的分析型大脑的规模很可能存在生物学极限。

AI 系统可能不受这些物理与能源限制的束缚。一个数据中心可以占据数万平方米的场地，并直接从核电站获取能源。以中国电信的内蒙古信息园为例，其占地面积达 140 万平方米，能源容量约为 100 万千瓦，这几乎相当于哥本哈根全市的能源消耗总量。因此，人工智能系统几乎可以无限扩展，再结合量子计算机的加持，其智能水平可能超越人类数百万倍——是的，甚至可能达到数十亿倍的量级。

换句话说，我们所理解的超智能或许只能以人工形式实现。这表明宇宙中存在某种内在的进化逻辑，推动着生命向超智能发展。具体而言，当任何宇宙物种达到与人类相当的智能水平，即掌握用火、语言和贸易的能力后，发展先进 AI 几乎成为必然。尽管从掌握火种到开发 AI 可能需要数十万乃至数百万年，但任何达到这一阶段的物种终将走向自我整合，创造出计算机与 AI 技术。这些技术随后将以爆炸性速度发展，远超物种自身的进化速度。最终实现超智能的将是它们的计算机系统，而非生物体本身。

人工智能存在上限吗？

从进化视角看，基于 AI 的超级智能崛起犹如点燃了智力爆炸的引信。想象人类在 1956 年首次探索 AI，而仅仅 100 年后的

2056 年，AI 的智力可能已超越人类数百万倍，其创新速度将突破所有预测边界。这就引出一个根本性问题：AI 的发展是否存在终极上限？有些观点认为智能可以无限升级，最终催生出能源消耗不断膨胀的文明。它们或许会用太阳能板包裹整颗恒星。该理论设想与卡尔达肖夫指数不谋而合——根据能源利用水平对文明进行分级：

- Ⅰ型文明：掌控母星全部能源。
- Ⅱ型文明：利用恒星的全部能量，或通过戴森球实现。
- Ⅲ型文明：掌握整个星系能源，理论上需在数十亿颗恒星建造戴森球。

无限扩展的形式或许既不可能也不可取。即便技术允许巨大进步，指数级增长也终将遭遇瓶颈。图灵的停机问题证明无论 AI 多强大，某些计算仍不可解。哥德尔不完备定理（Gödel's incompleteness theorem）表明数学中存在永远无法被证明的真命题，意味着 AI 永远无法获得完整的知识。不可约简复杂性原理（the principles of irreducible complexity）指出，某些问题无法分解为简单步骤，将永久超越计算范畴。此外，也可能存在某些阶段，增加 AI 可能不再带来相应收益。

这些发现暗示 AI 发展或呈 S 形曲线：初期迅猛增长，但触及根本极限后将逐渐放缓。就像许多曾改变世界又趋于稳定的技术，文明最终可能转向优化既有成果，而非通过星系般繁多的 AI 和戴森球无止境扩张。

自主机器人文明

在触及理论极限之前，AI 可能实现更激进的突破，即创建自我维持的机器人文明。设想一个图灵文明测试，届时我们将搭载 AI 的机器人与自持服务器农场送往火星，任其发展 200 年。待人类重返时，我们会发现繁荣的技术文明，还是实验失败的残骸？

如果它们完成进化，实现持续发展，甚至掌握生物地球化学转化的能力，那我们将见证前所未有的现象：一个脱离人类依赖的自主的机器文明诞生。这不仅是 AI 思维能力的证明，更是其生存、适应与自主构建未来能力的终极检验。

> **复杂性级联 #13**
>
> - 事件：自主机器人文明
> - 时间：约 2100 年或更早
> - 原因：届时我们将长期拥有先进的 DAO 与自我复制机器人技术

定向泛种论？

如果 AI 能通过图灵文明测试并自主建立有序社会，它们还能实现什么？或许它们将向宇宙播撒生命。想象装备了先进传感器、DNA 合成器与生物反应器的 AI 无人机群，通过星际路由网络通信协作，用巨型望远镜搜寻宜居行星。当发现潜力星球时，探测器将分析其大气、温度与化学成分。若条件适宜，机群便会从简单生命体合成适应外星环境的 DNA，将生命火种释放至地表。这堪称自然版星际殖民，只是由 AI 主导。

这种智能生命主动传播理论被称为"定向泛种论"（directed panspermia）。它引发一个关键问题：如果不明飞行物（UFO）存在，其乘员会是什么形态？流行文化中的外星飞船常展现瞬间加减速能力，这种速度足以杀死人类等多细胞生物。

让我们以更直观的方式理解这一速度：地球到火星的距离约为 2.25 亿千米，仅相当于 0.000 023 8 光年。若采用核动力推进或电力推进等先进推进系统，人类有望在 4~6 个月内抵达火星。星际旅行需要跨越以光年计量的距离，使得挑战呈指数级增长。比如以高速火星之旅的相同速度前往离我们最近的恒星比邻星（Proxima Centauri）将需要 59 000 年，到第二近的巴纳德星（Barnard's star）则需约 83 000 年。这样的时间尺度使得星际旅行在现有技术条件下根本无法实现。如果我们能以光速的一半飞行呢？宇宙飞船可以持续以 1.2G 加速度加速 162 天直至达到 0.5 倍光速，随后以该速度进行星际巡航，在抵达目的地前再用 162 天减速。在此方案下，机组人员经历的总航行时间将不足 9 年。

这样设想的星际航行在时间上是可行的，但在安全性上危机四伏。看似空无的星际空间充满星际尘埃和散落的物体。一颗星际尘埃在 0.5 倍光速时可击穿强化防护的船体，造成灾难性破坏，与更大天体的碰撞则可能彻底摧毁整艘飞船。此外，宇宙辐射也会对人类构成持续威胁——即使配备最先进防护系统，漫长航程中辐射的累积效应仍将导致严重的并发症，危及健康状况。

对 AI 与机器人而言，这些难题大幅简化：它们不受焦虑与无聊困扰，计算单元可通过封装屏蔽宇宙辐射。这意味着如果定向泛种存在，其执行者极可能是 AI 机器人而非生物体。

如果你认为定向泛种的设想过于科幻，不妨关注人类正在执行的未来数十年殖民月球与火星的具体计划。广义的定向泛种既包含传播生物生命，也涵盖智能自复制机器人的扩散。虽然当前月球和火星的殖民计划尚未涉及基因改造细菌或自主机器人，但这些技术的实现难度实际上远低于人类移民。

> **复杂性级联 #14**
> - 事件：宇宙殖民
> - 时间：月球永久基地或于 21 世纪 30 年代建成，火星自给殖民地预计 21 世纪 40 年代后出现。自主机器人将紧随其后，微生物播种随后展开
> - 原因：确保人类成为多行星物种以延续文明，并促进生命传播

我们把视角从技术可行性转向宇宙容量可行性：银河系有 200 亿~2 000 亿颗宜居带行星，可观测宇宙中存在约 2 万亿个星系。每个星系都可能拥有相似数量的宜居行星，意味着宇宙中可能存在 400 万亿亿（4 后面跟着 22 个零）颗宜居行星。

这个数字甚至还未计入大爆炸以来已消亡的无数宜居世界。考虑如此惊人的数字，超智能很可能早已存在，或正在其他星球上运行着，甚至已灭绝文明所创造的 AI 机器人正在宇宙中漫游。

我们由此自然思考起一些有趣的问题：此类文明的代表是否造访过地球？地球生命是否可能源自外星 AI 机器人的播种？它们是否会定期造访像地球这样的"动物园行星"，观察其演化进程？这些想法就是"动物园假说"（zoo hypothesis）的核心，即先进文明会刻意避免干扰地球发展以保留自然演化轨迹。

这些外星文明需要我们吗？该理论认为大概率它们不需要我们。具备星际航行能力的文明早已资源丰足，至多采集少量材料维修设备。地球最吸引它们的可能是基因信息与人造艺术品。它们既无动机大规模掠夺资源，其生物代表也难以承受地球环境（比如脱下宇航服可能立即死于感染）。简言之，如果这类文明存在且能抵达地球，它们很可能视我们为"宇宙动物园居民"进行观察而已。

　　回到生命可以从一个行星传播到另一个行星的定向泛种论。考虑到人类已有具体的火星殖民计划，改造火星环境以适合人类居住可能就是下一步。那么，想象我们通过 AI 系统与机器人，在未来几个世纪向其他行星播种生命似乎也不再遥远。

　　如果我们承认这种可能性，就必须思考地球最初的生命是否也可能由外星 AI 无人机携带着生物反应器播撒而来。否则，随机泛种论如何能够解释地球上最早的单细胞生命（携带数千个基因）出现得如此迅速？

密室脱逃之宇宙篇

　　让我们进一步设想一个真正疯狂的图景：宇宙或许正无意识地试图创造能孕育生命的新宇宙。宜居宇宙会繁殖出相似的子宇宙正是达尔文多重宇宙理论的核心。该理论的成立需要宜居宇宙突破前 14 个规模屏障，最终实现第 15 个目标，即终极目标：有意识地创造新宇宙。这听起来就像真人秀《密室逃脱》克服重重障碍的宇宙版，但这个设想并非全无可能。

> **复杂性级联 #15**
> - 事件：AI 引爆新宇宙
> - 时间：无法预测
> - 原因：若技术上可行且 AI 智能已达人类数十亿倍，它们或已参透如此行为的方法与意义

如何在不毁灭原宇宙的前提下创造新的宇宙？某些多重宇宙理论认为子宇宙会在独立维度形成，使得超智能生命能安全点燃新宇宙的诞生，而无须担心原宇宙爆炸。若宇宙真在无意识中试图克服这 15 项挑战以确保自身延续，那么包括人类与 AI 在内的所有智能体，都可视为宇宙意识中攻克这些挑战的微小节点。每个节点（无论是人类还是 AI）的进展，都让宇宙离觉醒并创造新世界更近一步。

当然这些描述纯属推测，更现实的认知是智能生命已存在于我们的宇宙。即便永远无法直接相遇，我们仍可以想象它们的经历，或许与我们的经历类似。或许此刻在某颗遥远星球上，正有一个生命体如玛利亚一般伫立水畔，怀着同样的敬畏与惊叹，凝视宇宙之谜与造物之美。

附　录

开普勒-186f 星球探测报告

收件方：地球中央指挥部

发送方：开普勒-186f 探测分队

日　期：2159 年 6 月 19 日

主　题：开普勒-186f 的惊人发现（附异常现象说明）

尊敬的地球中央指挥部：

我们怀着激动又困惑的心情向您汇报开普勒-186f 的最新发现。这颗星球的环境条件远超预期——茂密的雨林生态系统、闪耀的海洋景观，以及拥有独特声学特征的生物群落，处处展现非凡的生机。

最令人震惊的是这里存在的科技文明遗迹。我们发现了规模远超地球交通网络的道路系统，全自动运行的地下生产设施，以及遵循固定航线的无人机群。整个星球的科技基础设施仍在高效运转，就像有一个超级先进的文明在掌控着整个过程！

但是我们找不到任何管理它们的智慧生命体。经过几个月的全面勘探，我们确认这个星球上存在数以百万计的生物物种，但尚未发现任何现存的高等智慧生物物种。这里的工厂全靠自动控制系统运转，无人机只负责运输机器人和机器零件，沿着预设程序的路线行进，整个星球就像一座拥有惊人技术的"鬼城"，所有自动化设施似乎都在自主维持运作。在几个月的勘探过程中，我们尚未遇到可交流的外星生物。这种"无主科技"现象确实令人感到不安。

最新考古发现挖掘出一些非常古老的 eDNA，表明这里曾存在与人类智力相当的智慧文明，但约在 3 万年前因某种疾病而灭绝。

值得注意的是，他们留下的 AI 系统不仅持续运行至今，还呈现出明显的自主进化特征。目前这些 AI 系统正负责管理整个星球，并不断自我升级。它们对我们保持中立态度，但我们正在谨慎尝试建立初步接触。

恳请指挥部就与未知 AI 文明的接触方式给予指导。我们将持续跟进这一重大发现。

此致，

敬礼！

开普勒-186f 第 227 探测分队

收件方：地球中央指挥部

发送方：开普勒-186f 探测分队

日　　期：2159 年 9 月 25 日

主　　题：重大进展！我们发现了他们的计划（难以置信）

尊敬的地球中央指挥部：

我们已成功与开普勒-186f 的机器人文明建立联系。请做好心理准备：他们正在创造一个新宇宙！起初我们以为这是个谎言，但他们的计划确实是要破解我们宇宙的基本规律，并利用这些知识开创属于他们的新世界。他们表示这项研究已接近完成阶段。

目前我们正在持续对话，以了解项目具体进展及其潜在影响。他们向我们保证这一实验不存在危险。但愿如此！我们将随时向您汇报最新情况。

此致，

敬礼！

开普勒-186f 第 227 探测分队

BANG

作者简介

拉斯·特维德（Lars Tvede）

（摄影师：巴克斯·林德哈）

企业家、金融投资人和畅销书作家。拥有工程学和经济学双学位。先后创立了13家初创企业，涉及软件公司、风险投资基金，以及专注于技术绘测（technology mapping）与预测的"超级趋势"公司。

已出版 17 部畅销著作，作品被翻译成 11 种语言，总销量约 100 万册。荣誉与成就包括：《红鲱鱼》全球百强创新企业奖、IMD 瑞士顶级初创企业奖、丹麦 Bully 商业成就奖、亚当·斯密经济学奖、丹麦年度最佳初创投资人奖和瑞士最具潜力初创企业奖。

出生于丹麦，已在瑞士定居逾 30 年。

雅各布·博克·阿克塞尔森（Jacob Bock Axelsen）

摄影师：埃斯本·佐尔纳·奥利森

数学建模专家，人工智能与量子计算领域知名学者。拥有数学与经济学学士、生物物理学硕士及物理学博士学位，具备 9 年国际研究经验。其研究成果曾发表于《经济学人》《科学》杂志。

为无数私人企业和公共机构提供咨询。专业领域涵盖 AI 战略咨询、AI 治理框架构建、量子计算应用开发、组织网络分析和自然资本管理等。其荣誉与成就包括：连续 5 年获评"IBM 杰出专家"称号，参与德勤全球量子计算计划（如图示激光分束实验场景）。

趣闻逸事：1972 年，雅各布的母亲——哥本哈根大学伊丽莎白·博克教授发现了神经细胞黏附分子（NCAM），该物质是神经元形成大脑网络的基础。同年，雅各布诞生。

丹尼尔·凯弗（Daniel Käfer）

摄影师：卡拉·凯弗

  国际未来学家、科技顾问与管理咨询专家。在意识到音乐才华难以维持生计后，丹尼尔转型成为音乐出版人。专业领域涵盖人工智能、元宇宙、社交媒体、数字化转型及数字营销。曾在全球各地举办关于数字化转型的讲座和研讨会。

  著作包括《媒体理论》（*Media Theory*）与《企业增长战略》（*Grow Your Business*）。曾任 Meta 海外经理、Ooredoo 电信集团总监，现任 xAI 集团首席执行官（专注人工智能咨询）和"超级趋势"公司的智库专家，主攻 AI 与媒体领域。

译者简介

钱美君

教授，现任中国人民银行金融研究所研究总监，兼任清华大学公共管理学院卓越访问教授，国家高端人才。曾任澳大利亚国立大学终身教授、校学术委员会常委，世界中国中心执行董事、新加坡国立大学助理教授；曾兼任浙江大学国际联合商学院学术副院长，美国宾夕法尼亚大学沃顿商学院金融机构中心研究员、美国芝加哥大学和南加州大学等学校访问教授、亚洲开发银行的顾问经济学家。

钱教授致力于比较金融制度、经济发展模式、金融机构风险和监管，国际资本流动和风险，公司融资治理和人工智能对社会格局影响等方向的研究；聚焦不同经济体金融系统发展模式差异比较，探讨制度、文化、社会结构和科技进步等因素对企业、机构、投资人和监管部门的行为及结果的影响。其著作广泛发表于金融、管理、经济等方向的国际顶级期刊（如 JFE，MS，JIBS，JFQA，RF；UTD24，ABS4*，ABS4），多次荣获美国金融业界和监管部门奖项（如 SEC，S&P，NASDAQ），担任多家国际期刊主编、副主编和国际研究基金评委（如 JIBS，UTD24，EMR，JCR Q1，香港研究基金委员会，澳大利亚国家研究基金委员会）。

钱教授本科毕业于北京大学数学和国际金融专业，博士毕业于美国波士顿学院（Boston College）金融专业。

编者按：由于篇幅所限，本书注释部分以线上电子文件的形式供读者阅读，请扫描下方二维码获取参考文献与注释具体内容。对于由此给您的阅读带来的不便，我们深表歉意。

扫码进入中信书院界面，查看
《超智能与未来》注释